Nordhessen
mit Kassel

Axel Nowak

W0323252

Neu: Exklusive Reisetipps auf www.merian.de!

- **Gratis mehr Informationen:**
  Entdecken Sie den Premium-Bereich von www.merian.de
- **Topaktuelle Zusatznutzen:**
  Reiseberichte, Shopping, Tipps und Informationen
- **Neue Reiseziele entdecken:**
  über 5000 Destinationen weltweit
- **Einfach auf www.merian.de**
  Ihren persönlichen Zugangscode eingeben: **20057214**

Inhalt

Erläuterung der Symbole

Für Familien mit Kindern besonders geeignet

Diese Unterkünfte haben behindertengerechte Zimmer

In diesen Unterkünften sind Hunde erlaubt

CREDIT *Alle Kreditkarten werden akzeptiert*

Keine Kreditkarten werden akzeptiert

Preise für Übernachtungen im Doppelzimmer mit Frühstück:

●●●● *ab 140 €* ●● *ab 50 €*
●●● *ab 100 €* ● *bis 50 €*

Preise für ein Hauptgericht ohne Vorspeise und Dessert, ohne Getränke:

●●●● *ab 25 €* ●● *ab 15 €*
●●● *ab 20 €* ● *bis 7,50 €*

Karten und Pläne

Die Buchstaben-Zahlen-Kombinationen im Text verweisen auf die Planquadrate der Karten, z. B.
→ S. 119, C 2 Kartenatlas
→ C 2 Klappe hinten

MERIAN-Tipps
Tipps und Empfehlungen für Kenner und Individualisten
Klappe hinten →

Nordhessen stellt sich vor

Die historische Altstadt am Flussufer, sorgsam restaurierte Fachwerkhäuser, der weite Blick ins Hinterland: In Eschwege an der Werra blüht die Idylle Nordhessens.

Majestätische Burgen, traditionsreiches Fachwerk, klare Luft und unberührte Landschaften, regionales Brauchtum hier und eine internationale Kunstszene dort – so vielseitig zeigt sich Nordhessen.

Diese alte, mit thurmgekrönten Mauern umschlossene Stadt macht einen ganz eigenthümlichen Eindruck auf den, welcher sie zum ersten Mal betritt, die alte Kirche, die Häuser, die Brunnen, alles ist verschieden von dem, wie wir es in anderen Städten unsrer Umgegend zu finden gewöhnt sind«, schrieb 1884 andächtig der »Touristen-Führer für die Umgebung von Kassel«. Und auch wenn in Orten wie dem damals verklärten Immenhausen längst moderne Autos und verkehrsberuhigte Zonen das Straßenbild bestimmen, den altertümlichen Kern hat sich Immenhausen mit seinen sorgsam restaurierten Fachwerkbauten bewahrt. Das Städtchen steht beispielhaft für Nordhessen, eine Region, die – abgesehen von der Metropole Kassel – all das bietet, was in- und fast mehr noch ausländische Gäste am meisten an Deutschland schätzen: jahrhundertealte Häuser, durch Holzbalken gestützt und eng aneinander geschmiegt, verwinkelte Gassen, mit Kopfsteinpflaster belegt, Rathäuser mit kleinen Türmchen und Glockenspiel zur vollen Stunde, erhabene Kirchen oder hoch aufragende Burgen und Schlösser, um die herum sich einst die Stadt gebildet hat.

Auf den Spuren der Fürsten

Macht und Reichtum der mittelalterlichen Potentaten haben in den Zentren Nordhessens imposante Spuren hinterlassen: Das Riesenschloss mit dem Wahrzeichen Kassels, dem Herkules und den prächtigen Kaskaden, die vom größten Bergpark Europas hinunter zu Schloss Wilhelmshöhe führen, zählt zu den schönsten Anlagen weit und breit. Die Innenstadt ist geprägt vom Friedrichsplatz und dem Fridericianum, dem ersten der Öffentlichkeit zugänglichen Museum des Kontinents, und der Karlsaue, einem einst im Stile der Renaissance angelegten Garten auf einer Insel der Fulda.

Im Umland stellt Bad Arolsen ein ebenso städtebauliches wie historisches Faszinosum dar: Als Hauptstadt des Fürstentums Waldeck wurde mit dessen Zustimmung einst Bismarcks Deutsches Kaiserreich gegründet. Nach der Revolution 1918 war Arolsen bis 1929 gar Hauptstadt des Freistaates Waldeck und Pyrmont. Um die historischen Tatsachen allerdings im rechten Verhältnis erscheinen zu lassen: Bereits seit 1867 verwaltete Preußen den Landstrich. Der Freistaat selbst besaß nicht einmal eigene Verfassung. Nichtsdestotrotz wollte die Eigenständigkeit repräsentiert sein – das Barockschloss erinnert deshalb nicht unbeabsichtigt an die große Schwester in Versailles.

Eine Landschaft zum Verlieben

Ungeachtet ihrer politischen Bedeutungslosigkeit besitzen die Mitglieder der Fürstenfamilien noch heute historische Immobilien, die – wie Schloss Berlepsch in Witzenhausen, aber auch Flügel und Parkanlagen im Schloss Bad Arolsen – dem Publikum nicht zugänglich sind. Das höchste Gut Nordhessens dagegen, die Seen und Wälder, ist längst Eigentum der Allgemeinheit und erschlossen für den Tourismus.

Aus ihrer Not haben die Nordhessen eine Tugend gemacht: In vielen Städten und Gemeinden sorgte früher der Kohleabbau für sichere Arbeitsplätze. Doch in den 60er Jahren rentierte sich die Förderung nicht mehr, und das Zechensterben ereilte auch diese Region. Eine große Umstrukturierung setzte ein: Förderbänder, Schienenwege und Lagerhallen wurden abgerissen, begrünt oder neu bebaut. Wer heute das kleine Bergbaumuseum Rossgang in Oberkaufungen besu-

Aus Liebe zum Holz: Fachwerk ziert und stützt das Küsterhaus in Bad Hersfeld.

chen will, findet sich in einer typisch deutschen Einfamilienhaussiedlung wieder, in der ein neu lackierter Grubenwagen, einem Denkmal gleich, am Straßenrand auf die rußgefärbte Vergangenheit und die Ausstellung hinweist.

Übrig blieben vielerorts jene Tagebaulöcher, die heute als Seen eine neue Bestimmung für Freizeit und Urlaub erhalten haben. Im Borkener See beispielsweise, dem ehemaligen Tagebauloch »Altenburg IV«, ruht ein ganz besonderes Wasser. Es ist kristallklar, leicht basisch getönt und enthält kaum Nährstoffe. Wissenschaftler vergleichen seine Reinheit mit dem ursprünglichen Wasser mitteleuropäischer Seen; aus einer Zeit also, als der Mensch noch wenig Einfluss auf die Gewässer und ihre Vegetation genommen hat. Um den Borkener See ist ein 350 ha großes Naturschutzgebiet entstanden, ein Rückzugsraum für Tiere und Pflanzen. Schwimmen, Surfen oder Tauchen sind hier natürlich verboten. Dafür bietet Nordhessen den Eder-, Diemel- und Twistesee.

In Nordhessen ruft der See

Diese Stauseen sind heute beliebte Ziele für Urlauber, die Segeln, Schwimmen, Faulenzen oder einfach gemütlich mit Boot oder Dampfer über das Wasser schippern wollen. Zudem laden die zahlreichen Cafés und Restaurants am Ufer ein zum genießerischen Blick auf den Edersee. Übrigens, so erzählen sich die Einheimischen, soll der See 2003 die meisten Besucher angezogen haben. Doch nicht der Wunsch nach Abkühlung trieb die Schaulustigen, sondern die einst bei der Entstehung überfluteten Dörfer, die in diesem »Jahrhundertsommer« wieder zum Vorschein kamen – denn der Wasserstand des Edersees hatte ein Rekordtief erreicht.

Südlich des Gewässers beginnt der Kellerwald mit Nationalpark, neben dem Habichtswald bei Kassel, dem Kaufunger- und dem Reinhardswald bei Hofgeismar eine der wunderbaren ursprünglichen Naturlandschaften Nordhessens. Es gibt kaum einen Ort in dieser Region, der nicht an eine »grüne Lunge« angeschlossen wäre; ideal für erholsame Ausflüge, egal ob zu Fuß, mit dem Fahrrad oder Mountainbike, oder gar hoch zu Ross. Richtige Wandersleut' verbringen ihren gesamten Urlaub per Pedes apostolorum, planen jeweils nur eine Nacht am Zielpunkt der Tagestour, um am nächsten Morgen weiterzuwandern.

In diesen ausgedehnten Wäldern mag ein jeder eine Ahnung bekommen, warum gerade in Nordhessen so viele Mythen und Märchen kursieren. Es waren die Gebrüder Grimm, die es sich zur Aufgabe machten, die »Dichtung des Volkes« zu sammeln. Jacob und Wilhelm, in Hanau geboren, besuchten in Kassel die Schule und in Marburg die Universität. Für ihre erste Märchensammlung hatten sie ungezählte schriftliche Quellen sondiert, hauptsächlich aber die Geschichten zu Papier gebracht, die ihnen etwa 50 Erzähler und Erzählerinnen aus Hessen und Westfalen überlieferten. In ihrer Erstausgabe 1812 notierten die Brüder: »Was die Weise betrifft, in der wir hier gesammelt haben, so ist es uns zuerst auf Treue und Wahrheit angekommen. Wir haben nämlich aus eigenen Mitteln nichts hinzugesetzt, keinen Umstand und Zug der Sage selbst verschönert, sondern ihren Inhalt so wiedergegeben, wie wir ihn empfangen haben.« Ihr Ziel war es, den »urdeutschen Mythos« zu bewahren, der schon verloren geglaubt schien. Viele Volksweisen stammten aus der Schwalm oder aus Kassel, die wohl meisten jedoch wurden aus Niederzwehren – heute ein Teil der einstigen Residenzstadt – von der Wirtstochter Dorothea Viehmann vermittelt, die sich dadurch in der Märchenforschung unsterblich gemacht hat.

Von Mythen und Märchen verzaubert

Da die Volkspoesie in weiten Teilen von nordhessischen Erzählern überliefert wurde, mag es nicht überraschen, dass die Märchen in deren naher Umgebung spielen: Wahre Begebenheiten und fantasievolle Poesie, tief verwurzelter Volksglaube und die christliche Lehre von Gut und Böse, Schuld und Sühne verschmolzen zu jenen fantastischen Sagen und Legenden, deren Spuren man in Nordhessen auf Schritt und Tritt begegnet. Die Sababurg bei Hofgeismar, die fast ein Jahrhundert unbewohnt blieb und von Efeu zugewachsen war, schien zu »schlafen«, und der Volksmund »erkannte« darin das Dornröschenschloss. Die sieben Zwerge Schneewittchens führen Heimatforscher auf die Kinder und Kleinwüchsigen zurück, die im Mittelalter in den engen Schächten der Bergwerke gearbeitet

Auf der Suche nach Vollkommenheit: Eine Landschaft wie aus dem Bilderbuch lockt heute noch Künstler nach Willingshausen, wo sich einst eine Maler-Kolonie gründete.

haben sollen. Die Märchensammlung der Brüder Grimm ist das weltweit meistgelesene Buch deutschen Ursprungs. Es wurde in mehr als 160 Sprachen übersetzt. Kein Wunder, dass Japaner, Holländer und Amerikaner zu den zahlreichen Besuchern der Sababurg zählen.

Die Grimm'sche Arbeit ist aber nicht nur ein touristischer und wirtschaftlicher Faktor. Die alten Märchen sind – neben der documenta, die alle fünf Jahre das kulturelle Auge der Welt auf ihre wichtigste Kunstausstellung lenkt – ein Identifikationsmoment für eine Region, die sich jahrzehntelang benachteiligt sah: Das geteilte Deutschland machte Nordhessen nach dem Zweiten Weltkrieg zum Zonenrandgebiet. »Ab nach Kassel«, die Verwünschung, die Aachener Bürger einst Napoleon III. nachriefen, als der Monarch in preußischer Gefangenschaft sein Exil im Schloss Wilhelmshöhe aufzusuchen hatte, wurde im Nachkriegsdeutschland zum geflügelten – lange negativ besetzten – Wort. Hinzu kommt das wirtschaftliche Gefälle zwischen dem agrarisch geprägten Norden und dem kapitalstarken Süden. Das Finanz- und Dienstleistungszentrum Frankfurt und das Rhein-Main-Gebiet, in dem nahezu 30 Prozent der hessischen Bevölkerung leben, prägen das Image der Hessen. Ihr Dialekt, vom »blauen Bock« Heinz Schenk, dem Komikerduo Mundstuhl oder den Rodgau »Die Hesse komme« Monotones populär gemacht, gilt als hessische Mundart.

Warum die Nordhessen »anders« sind

Nicht so in Nordhessen: Hier spricht man eher das von Niedersachsen geprägte Hochdeutsch. Dem hiesigen Dialekt, den es, wie die ländliche Bevölkerung betont, durchaus gibt, wird der Reisende nur selten begegnen.

Die Unterschiede greifen tief: Die Südhessen sprechen vom Main – ähnlich wie die Bayern zur übrigen Republik – als dem »Weißwurscht-Äquator«, der sie vom Rest des Bundeslandes abgrenzt. Die Nordhessen pflegen ihre Andersartigkeit und verweisen stolz darauf, dass ihre Vorfahren, die Chatten, nie vom alten Rom erobert werden konnten. Mehr noch: Die Römer sahen sich gar gezwungen, den Grenzwall Limes zu errichten, um ihr Gebiet gegen den aufrührerischen Germanenstamm zu verteidigen.

Nicht jeder Kasseler ist ein Kasseläner

Vielleicht unterscheiden die Kasseler aus diesem historisch gewachsenen Selbstverständnis heraus zwischen dem Kasseler, dem Kasselaner und dem Kasseläner: Ersterer ist lediglich zugezogen, der Zweite immerhin dort geboren, allerdings mit dem »Makel« zugereister Eltern. Der Letztgenannte schließlich ist der »Echte«: in Kassel geboren und mit Vater und Mutter »geadelt«, die ebenfalls eine Geburtsurkunde aus der Hauptstadt vorweisen können.

Urlauber werden diese kleinen, aber feinen Unterschiede nur am Rande bemerken und sich lieber vom »eigenthümlichen Eindruck« verzaubern lassen, den schon der »Touristen-Führer« lobpreiste, »die alte Kirche, die Häuser, die Brunnen«, die historische Geschlossenheit der Städte und die natürliche Landschaft. Wo sonst sieht man heute noch einen flüchtenden Bussard mit der frisch erbeuteten Maus im Schnabel von der Straßenkuppe aufsteigen, weil gerade das selten zu sehende Exemplar eines Automobils seine Jagd stört?

Gewusst wo …

»Pack' die Badehose ein… « Der Diemelsee im Waldecker Land ist ein ideales Gewässer für Schwimmer, Surfer, Segler und Müßiggänger.

Fürstlich speisen, ländlich wohnen, komfortabel einkaufen und die schöne Natur genießen – was man wissen muss, um Nordhessen alleine, zu zweit oder mit Familie zu entdecken.

Übernachten

Stilvoll nächtigen – im romantischen Schloss, einem kleinen Landhotel oder verspielt auf dem Bauernhof.

Einladend: In Hotel Hohenhaus bei Herleshausen, einem ehemaligen Rittergut aus dem 16. Jahrhundert, wartet der Fünf-Uhr-Tee im Kaminzimmer.

Schlösser zählten schon im Mittelalter zu den geschätzten Residenzen der Adligen. Nordhessen hat viele davon, und die reizvollsten werden in diesem Reiseführer vorgestellt. Nicht alle sind so teuer, wie manch einer befürchten könnte. In Schloss Garvensburg bei Fritzlar kann man schon für 55 € am Tag fürstlich nächtigen, muss allerdings – weniger stilvoll – WC und Dusche mit anderen Gästen teilen.

Wellness inklusive

Das beste Hotel Nordhessens – Göbel's Fünf-Sterne-Schlosshotel Prinz von Hessen – residiert im 2500-Einwohner-Ort Friedewald. Andere Top-Unterkünfte finden sich in den Hochburgen Kassel, Bad Wildungen oder Bad Hersfeld. Jedes der höherrangigen Häuser bietet außer einem vorzüglichen Restaurant auch verschiedene Wellness-Pakete an, die über die hauseigene Sauna hinausgehen: Die Angebote reichen vom Beauty-Weekend bis zum 14-Tage-Wohlfühlprogramm.

Landhotels im Countrystil

Diesem Trend haben sich viele Hotels im Umland angeschlossen. Doch Vorsicht: Landhotel ist nicht gleich Landhotel. Während das eine Gasthaus im Countrystil eingerichtet ist und viele Programme zur Entspannung bietet, begnügt sich das andere mit mehr oder weniger geschmackvollen Inneneinrichtungen oder verweist im Begleitprogramm auf das nächst gelegene Hallenbad und den Golfclub in der Nachbargemeinde. Wer Wert auf Stil und Ambiente legt, sollte sich zuvor die Interieurs im Internet anschauen und bei der Buchung darauf bestehen, auch in einem der abgebildeten Zimmer untergebracht zu werden.

Ferien auf dem Bauernhof

Ferien auf dem Bauernhof sind in den letzten Jahren immer beliebter geworden. Viele Höfe haben sich auf Großstädter mit Sehnsucht nach Landluft eingestellt. Manche Gastgeber bieten darüber hinaus ein weit gefächertes Beiprogramm an: Reiten, Angeln, Brotbacken und Streichelzoo sind nur einige Beispiele dafür.

Nordhessen offeriert zahlreiche Unterkünfte zu vergleichsweise moderaten Preisen. Einen Überblick vermitteln die Internetseiten der Regionen (→ Internet. S. 112). Empfehlenswerte Gastgeber werden bei den einzelnen Orten im Kapitel »Unterwegs in Nordhessen« besprochen.

MERIAN-Tipp

1 Hotel Hohenhaus

Knapp 25 km südöstlich von Eschwege und 5 km von Herleshausen entfernt liegt das einzige von Michelin mit einem Stern ausgezeichnete Restaurant Nordhessens, Hotel Hohenhaus. Kaum mehr vorstellbar, dass das Herzstück der Anlage – Hotel und Restaurant – früher ein Pferdestall gewesen ist. Mit viel Gespür für die Tradition einerseits und die Anforderungen an eine Luxusunterkunft andererseits, wurde das ehemalige Rittergut in ein komfortables Landhotel umgewandelt, umgeben von einem eleganten Park im viktorianischen Stil.

Hohenhaus liegt in einer fast unberührten Naturlandschaft: Mit etwas Glück lassen sich im Winter die Füchse beobachten, die sich aus dem Blutbuchental heranschleichen, um sich an der Glasfassade des beheizten Schwimmbads das Fell zu wärmen.

Herleshausen; Tel. 05654/9870; www.hohenhaus.de; 26 Zimmer
●●●● CREDIT → S. 123, F 14

Essen und Trinken

Von rustikal bis raffiniert: Nordhessens Küche setzt auf gutbürgerliche Gerichte mit Pfiff.

Aus nordhessischen Landen frisch auf den Tisch: Meist stammen die Zutaten in den hiesigen Restaurants aus der nahen Umgebung.

Wer über kulinarische Besonderheiten aus Hessen spricht, nennt häufig »Ebbelwoi«, »Handkäs' mit Musik« oder den »Frankfurter Kranz«. Doch diese Spezialitäten stammen alle aus dem südlichen Teil des Landes. Die Nordhessen halten von diesen Genüssen weniger. Zwar gibt es auch hier die »Grüne Soße«, aber eben auf nordhessisch. Es sind die kleinen, aber feinen Unterschiede, auf die man hier Wert legt. Ihre »Grüne Soße« ist eine Spur kräftiger – wie generell die Küche in Kassel und Umgebung im Allgemeinen deftiger ist als die in Südhessen.

Die Restaurants in den ländlichen Gegenden sind bekannt für ihre gutbürgerliche Küche: Schnitzel und Steaks gibt es in allen erdenklichen Variationen, mal rustikal, mal mit einer Lauch-Schmandsoße verfeinert. Häufig stammt das Fleisch aus eigener Schlachtung oder zumindest aus der nahen Region: das Wildfleisch vom hiesigen Förster, der Aal vom Züchter aus der Umgebung oder vom Fischereimeister am Edersee.

Aal direkt aus dem Edersee

Zu den nordhessischen Leibspeisen zählt die »Ahle Worscht«, die »Alte Wurst«, eine etwa 30 cm lange luftgetrocknete Mettwurst, die aus dem noch warmen Fleisch geschlachteter einjähriger Schweine hergestellt wird. Jeder Metzger, jeder Bauer hat sein eigenes (geheimes) Rezept, und Kenner diskutieren immer wieder die feinen Nuancen: Denn jede Wurst schmeckt anders – je nach Fleischqualität, Würzung und Klima während der Trocknung.

Die Einheimischen wissen natürlich, wo es die beste »Ahle Worscht« gibt, werden es aber selten verraten, um nicht einen Ausverkauf zu riskieren, da das schnelle Verarbeiten des Fleisches selten große Mengen erlaubt. »Hart wie ein Polizeistock« müsse die Konsistenz sein, resümierte der Schriftsteller Siegfried Lenz in seinem Essay »Ringgauer Wurstprobe«.

»Ahle Worscht« und »Weckewerk«

Fast ebenso häufig wie auf die Alte Mettwurst werden Besucher auf »Weckewerk« stoßen. Dahinter verbirgt sich eine schmackhafte Resteverwertung: In einer Bouillon werden alte Brötchen (Wecke) aufgequollen, hinzu kommen gekochte Fleischreste, die mit Zwiebeln, Kümmel und Majoran zu einer festen Masse verkocht und in Gläsern verkauft werden.

Diese Beispiele sind typisch für die nordhessische Küche: Es sind einfache Speisen, oft aus Resten zubereitet und mit Kräutern verfeinert, die aus eigenem Anbau stammen. Auch die traditionellen Festmenüs leugnen ihre Herkunft als »Arme-Leute-Essen« nicht. Beispielsweise das »Schwälmer Hochzeitsessen«, das es in der Gürre Stubb in Willingshausen (Bensburger Str. 1; Tel. 066 97/91 91 00; Mi–So 11.30–22.30 Uhr) nur auf Vorbestellung gibt, bestehend aus »Wecksupp«, Rindfleisch mit Meerrettichsoße und steifem Reis.

Die vermeintlich bekannteste Spezialität, das »Kasseler«, stammt indes nicht aus der Region: Namensgeber war der Berliner Schlachter Johann Cassel, der die Rippchen als Erster auf diese Weise gepökelt und geräuchert hat.

Einfach, aber raffiniert

Die besten Empfehlungen für gutes Essen oder Speisen in ungewöhnlicher Atmosphäre werden bei den einzelnen Orten im Kapitel »Unterwegs in Nordhessen« gegeben.

Einkaufen

Von der »Ahlen Worscht« bis zum noblen Accessoire – was sich in Nordhessen lohnt einzukaufen.

In Kassel wetteifern Modehäuser, Boutiquen, Parfümerien und Feinkostläden um die Gunst der Käufer.

Shopping der kurzen Wege

Kassel wartet in der Innenstadt mit Kaufhäusern und Boutiquen, Parfümerien, Kiosken und vielen weiteren Geschäften auf. Hier gibt es (nahezu) alles zu kaufen, vom Anzug über das Accessoire bis zur Antiquität.

Umgerechnet auf die Größe des Zentrums dürfte Kassel die Stadt mit den meisten Einkaufsgalerien Deutschlands sein. Nicht immer finden sich dort allerdings die Topadressen des Einzelhandels. Einen Besuch lohnt jedenfalls die Königs-Galerie in der Oberen Königstraße. Im Untergeschoss ist eine Art »Fressgasse« eingerichtet, die mit vielen kulinarischen Angeboten lockt. Insgesamt werben auf mehreren Etagen fast 70 Geschäfte um die Gunst der Käufer: darunter Mode-, Feinkostläden und Parfümerie, aber auch Supermärkte und Drogerien.

Leckereien in der Markthalle

Die Markthalle in der Wildemannsgasse ist nicht nur architektonisch interessant: Vom Marstall, den ehemaligen Stallungen der Fürsten, blieb nach dem Ende des Zweiten Weltkriegs kaum noch etwas übrig. Bis 1966 wurden sie wieder auf- und als Markthalle ausgebaut. Auf zwei Etagen, überdacht von einer filigranen Glaskonstruktion, werden hier Obst und Gemüse, Wurst und Fleisch, internationale und regionale Spezialitäten, wie zum Beispiel »Weckewerk« und »Ahle Worscht« oder der »Meckerfritze«, ein Weichkäse aus Ziegenmilch, feilgeboten.

Im Umland kauft man nordhessische Spezialitäten am besten direkt vom Bauern: Schilder an den Straßen weisen auf Obst und Gemüse, selbst gemachte Wurst oder frisch gebackenes Brot hin.

In der Region verfügen die Kreisstädte über die beste Struktur im Einzelhandel. Dort laden die historischen Innenstädte in Bad Hersfeld, Korbach oder Eschwege zum Flanieren und Bummeln in den Pflastersteingassen ein. Schmuckliebhaber könnten in Bad Hersfeld bei Juwelier Laufer – seit 1895 am Ort – fündig werden. Neben bekannten Marken wie Chopard, Fabergé oder Rado bietet die Goldschmiede am Linggplatz 4 auch Unikate aus eigener Kollektion.

Spezialität Kornbrände

In Bad Arolsen verkaufen viele Geschäfte Branntweine, Kornbrände und Liköre der einheimischen Destillerie Kirchner und Menge. Bekanntestes Produkt: der »Waldecker Tropfen«, ein kräftiger Kräuterlikör, dessen Rezeptur Handwerksburschen vor mehr als 150 Jahren von Thüringen nach Arolsen »exportierten«.

Der Hof Lauterbach bei Vöhl zählt zu den ältesten Kornbrennereien Hessens. In dem kleinen Laden werden neben diversen Schnäpsen auch Kräuter- und Fruchtliköre angeboten. Unweit davon, in Basdorf, stellt die Fruchtweinkellerei Beranek in Heimarbeit Frucht- und Glühweine her, mit denen sie in der kalten Jahreszeit sogar Kunden in Berlin beliefert.

Für Liebhaber einer speziellen Leidenschaft könnte das Rotenburger Puppen- und Spielzeugmuseum in der Bürgerstraße ein interessanter Anlaufpunkt sein: Die Ausstellung zeigt Mittwoch bis Sonntag (außer dem ersten Sonntag im Monat) von 14 bis 18 Uhr Puppenhäuser und andere Spielsachen vergangener Epochen. Im »Jahrmarktzimmer« wird mit Karussell, Achterbahn und Riesenrad ein Volksfest nachgestellt. Im dazugehörigen Shop werden zudem auch Porzellanpuppen verkauft.

Feste und Events

Festspiele, Kirmes oder Musiktage – Die Nordhessen finden immer einen Grund zu feiern.

Welch' herrliches Theater: Die Barock-Festspiele in Bad Arolsen legen auch bei Kostümen und Accessoires Wert aufs Detail.

Beim Feiern sind sich der Süden wie der Norden des Landes einig: Sobald mehr als sechs Hessen aufeinander treffen, ist die Wahrscheinlichkeit groß, dass gefeiert wird. In der überwiegend ländlichen Region hat man diesen sympathischen Zug institutionalisiert: Beinahe jedes Dorf veranstaltet eigene Umzüge und Volksfeste. In traditionsreichen Vereinen wird altes Brauchtum bewahrt, Trachten gepflegt oder die Wahl einer »festeigenen« Königin organisiert. Da erstaunt es nicht, dass Nordhessen, die es in andere Bereiche der Republik verschlagen hat, just zu dem Zeitpunkt auf Heimaturlaub sind, wenn das Zisselfest in Kassel oder die Kesperkirmes in Witzenhausen im Kalender stehen.

Mai

Arolser Barock-Festspiele

Seit 1986 werden in Bad Arolsen Festspiele mit klassischer Musik veranstaltet: Konzerte, moderne Interpretationen und Veranstaltungen für Kinder runden das Programm ab. Schauplätze sind neben dem Residenzschloss auch andere öffentliche Einrichtungen wie das Bürgerhaus oder das Christian Daniel Rauch Museum.

Vorletzte Woche im Mai;
www.barockfestspiele.de

Juni

Salatkirmes

Um seine Untertanen von den Vorzügen des Kartoffelanbaus zu überzeugen, lud Landgraf Karl 1728 zu einem großen Essen mit Salat und reichlich Kartoffeln ein. Das begründete die Salatkirmes in Schwalmstadt-Ziegenhain. Der große Trachtenfestzug findet am Sonntag statt.

14 Tage nach Pfingsten;
www.salatkirmes.de

Bad Hersfelder Festspiele

International renommiertes Freiluftfestival, das mit Theater und Musical tausende Besucher in die Stiftsruine und Schloss Eichhof lockt. Karten sollten lange vorher reserviert werden. Den Auftakt bildet Mitte Juni ein großes Fest, das sich über die gesamte Innenstadt erstreckt.

Mitte Juni bis Anfang August;
www.bad-hersfelder-festspiele.de

Johannisfest Eschwege

Was für den Kölner der Karneval, ist für den Eschweger das Johannisfest. Sechs Tage Party in der festlich geschmückten Stadt: Umzüge, Festreiter, Musik auf den Straßen – und jede Menge gute Laune.

Ab letztem Mittwoch im Juni;
www.eschwege.biz/johannisfest

Juli

Kultursommer Nordhessen

Zwei Monate lang zieht der Kultursommer durch die schönsten Veranstaltungsorte in Nordhessen und präsentiert ein breites Spektrum von Klassik bis Jazz, angereichert mit Tanz, Schauspiel und Kindertheater. So stehen zum Beispiel Symphoniekonzerte im Park von Schloss Wilhelmsthal oder Theaterklassiker in der Feldscheune Merxhausen auf dem Programm.

Anfang Juli bis Ende August;
www.kultursommer-nordhessen.de

Hugenottenfest

Kunsthandwerkermarkt, Weinfest, Pop-, Jazz- und klassische Musik – außerdem ergänzt die Barockstadt Bad Karlshafen ihr Stadtfest mit Ausstellungen und Kunst-Happenings.

2. Wochenende im Juli

Kesperkirmes

Witzenhausen feiert sein Altstadt- und Kirschenfest und wählt mit großer Begeisterung die ein Jahr lang amtierende Kirschenkönigin. Sehenswert ist auch der bunte Festumzug in Booten auf der Werra.

2. Wochenende im Juli

Pferdemarkt

Eines der bekanntesten Volksfeste in Nordhessen feiert Fritzlar: großer

Rummel auf dem Festplatz, Krammarkt zum Einkaufen. Höhepunkt ist der Viehauftrieb am Samstag auf dem Reitplatz. Abschluss mit großem Feuerwerk.

2. Donnerstag bis Sonntag im Juli

Internationales Reitturnier

In Spangenberg, rund 35 Kilometer südöstlich von Kassel gelegen, findet jedes Jahr ein international bekanntes Reitsportturnier statt. Das »Turnier mit Herz« – so die Eigenwerbung – zählt neben Aachen, Hamburg, Wiesbaden und Donaueschingen zu den bedeutendsten in Deutschland. An der Grünen Straße am Fuße des Schlossberges traten bereits die Springreiter Franke Sloothaak, Ludger Beerbaum, Michael Whitaker und Hugo Simon an – zudem Nordhessens Prominenz aus Politik, Wirtschaft und (zum Teil verblichenem Adel). Standesgemäß wohnt es sich übrigens im Schloss Spangenberg (●●●), Tel. 05663/866.

Mitte Juli; www.spangenberg.info/reitturnier

Jazzfest Bad Wildungen

Die Altstadt Bad Wildungens steht an diesem Wochenende im Zeichen des Jazz: Auf mehreren Open-Air-Bühnen spielen Bands New Orleans und Hot Jazz, aber auch Dixieland, Blues und Soul.

3. Wochenende im Juli;
www.jazzfest-bad-wildungen.de

Ritterspiele Burg Herzberg

Ritter, Gaukler, Musikanten, Magier: Mehr als 1000 Teilnehmer lassen auf der Burg Herzberg jedes Jahr das Mittelalter wieder erwachen.

2. Wochenende im Juli;
www.burg-herzberg.de

Juli/August

Zissel

Wenn Ende Juli, Anfang August der Ruf »D'r Häring hängt!« ertönt, weiß ganz Kassel, dass das größte Fest

Burg Herzberg: alle Jahre wieder Schauplatz der Ritterspiele.

des Jahres eröffnet ist. Zugegeben: In der Fulda leben keine Heringe, doch der »Zisselhäring« ist und bleibt das Symbol dieser Feier, das dem Schutzpatron der Fischer und Schiffer, dem hl. Cyriakus, gewidmet ist. Die Kasseläner huldigen ihm mit einem Umzug in Booten auf der Fulda, zu Fuß und auf Wagen durch die Innenstadt. Schausteller auf der Schwanenwiese sorgen für ausgelassenen Rummel.

Ende Juli/Anfang August

August

Bad Arolser Kram- und Viehmarkt

Gilt mit 500000 Besuchern als das größte Volksfest Nordhessens: Fliegende Händler bieten in Bad Arolsen von der Wachstischdecke über Thermoskannen bis zu handgefertigten Deko-Artikeln allerlei Waren an. Außerdem: Schaubuden, Riesenrad, Free Fall ... und am Sonntag, dem letzten Tag, wird um 22.30 Uhr ein großes Feuerwerk inszeniert.

Ab dem 1. Do im August

Lichterfest

Einmal im Jahr illuminieren 15000 Lichter den großen Kurpark von Bad Wildungen. Auf drei Bühnen spielt Musik: von besinnlicher Klassik bis rhythmischem Pop. Gaukler und Artisten nutzen die magische Atmosphäre für fantasievolle Auftritte. Den

Abschluss bildet – wie es sich für ein Lichterfest gehört – ein farbenprächtiges Feuerwerk.

2. So im August; ab 18 Uhr

Hutzelkirmes

Die Kirmes in Schwalmstadt-Treysa ist benannt nach den »Hutzeln«, getrocknetem Obst. Der Überlieferung nach mussten die Treysaner – als Preis dafür, dass ihnen in misslicher Lage die benachbarten Ziegenhainer eine Musikkapelle überließen – für 99 Jahre auf die Ausrichtung einer eigenes Kirmes verzichten. Für die spaßlose Zeit erhielten die Treysaer Jahr für Jahr gedörrte Pflaumen, Birnen oder Äpfel. Sehenswert ist der Trachtenumzug, der immer am Sonntag stattfindet.

2. Wochenende im August; www.hutzelkirmes.de

Opernfestspiele Bad Hersfeld

Im Anschluss an die Bad Hersfelder Festspiele dient die Stiftsruine als Schauplatz für das Opernfestival.

18 Tage im August; www.oper-hersfeld.de

Stadtfest Fritzlar

Der schöne Marktplatz wird alle zwei Jahre ein Wochenende lang zur Bühne für das Stadtfest mit viel Musik und leiblichen Genüssen.

Alle »geraden« Jahre am 3. Wochenende im August

September

Fest der Begegnung

Die Brunnenallee gehört einmal im Jahr der Samba: Drei Bühnen, 30 Gruppen und fast 400 Teilnehmer verbreiten auf der Bad Wildunger Promenade Karnevals-Flair. Höhepunkt ist der Umzug am Sonntag. In den »geraden« Jahren zieht zudem ein prächtig geschmückter Blumenkorso durch die Straße: 40 aufwendig dekorierte Festwagen stellen Motive aus Märchen, Geschichte und Politik nach.

1. Wochenende im September

Museumsnacht

Einmal im Jahr haben die Kasseler Museen bis Mitternacht geöffnet. Der Event bewegt wie in vielen anderen Großstädten auch zehntausende Besucher zum abendlichen Kulturgenuss. Shuttlebusse pendeln regelmäßig zwischen den Veranstaltungsstätten.

1. Samstag im September; www.museumsnacht.de

Oktober

Lullusfest

Das Lullusfest in Bad Hersfeld ist das älteste Volksfest Deutschlands. Ursprünglich als kirchliches Gedenken an Erzbischof Lull begründet, wurden 852 erstmals Waren feilgeboten. Daraus entwickelte sich ein Jahrmarkt und ab 1150 eine Kirmes mit fahrenden Schaustellern, buntem Markt und dem großen Lullusfeuer, das immer am Montag entfacht wird und das Fest eröffnet.

Mo-So um den 16. Oktober; www.bad-hersfeld.de/lullusfest

Mittelalterlicher Markt

Gaukler, Narren, Kinderspiele – jährlich im Oktober lässt Korbach den mittelalterlichen Markt wieder auferstehen. Stände mit alter Handwerkskunst und vielerlei Speis und Trank locken Einheimische und Gäste zum Feiern auf die Straßen. Am Sonntag haben die Geschäfte geöffnet.

2. Wochenende im Oktober

Kasseler Musiktage

1933 erstmals veranstaltet, gilt das Festival nach eigener Aussage als eines der ältesten Europas. Im Mittelpunkt steht die klassische Musik, vorgetragen von renommierten Interpreten, Chören und Orchestern, aber auch von viel versprechenden Neuentdeckungen aus der jungen Musikszene. Die Konzerte finden in der Stadthalle, Museen und Kirchen sowie dem KulturBahnhof statt.

Letzte Woche im Oktober; www.kasseler-musiktage.de

Sport und Freizeit

Weit hinaus, tief hinunter, hoch hinauf – die malerische Natur lädt zum Aktivurlaub ein.

Nicht nur für Profis: Nordhessens Radwegenetz führt durch malerische Dörfer, romantische Wälder und idyllische Flusslandschaften.

Unendliche Wälder, tiefgründige Seen, Berge höher als die Schneegrenze, weite Felder und bestens erkundete Wege mitten durch die Natur: Nordhessen ist für Aktiv-Urlauber eine Herausforderung. Die ländliche Struktur der Region wurde sanft den Anforderungen moderner Urlaubswünsche angepasst. Wintersport in Willingen auf den zahlreichen Pisten und Loipen, Surfen, Segeln oder Tauchen, Wandern oder Radeln – in Nordhessen gibt es zahlreiche Möglichkeiten dazu.

Fliegen

→ S. 119, D 7

In einem Sportflugzeug das Kirschenland und die Burgen, den Hohen Meißner oder den Edersee erkunden? Der Luftsportverein Witzenhausen ist dafür die richtige Adresse. Die Flüge lassen sich individuell zusammenstellen. Start ist am Flugplatz Burgberg zwischen Witzenhausen und Ermschwerd.

Luftsportverein Witzenhausen, Flugplatz Burgberg; Tel. 05542/1696; 15 Flugmin. kosten 20 €

Golf

Es gibt Urlauber, die leben gerne mit einem Handicap – die meisten davon sind Golfspieler. Nordhessen bietet dafür acht Plätze – darunter das für diesen Zweck »eingemeindete« Gut Wissmannshof an der Grenze zu Niedersachsen –, die sich alle in maximal einer Stunde Fahrzeit mit dem Auto von Kassel aus erreichen lassen.

Einsteiger werden sich am ehesten auf der Anlage des Golfclubs Bad Arolsen zurechtfinden. Hier liegt die Schwierigkeitsstufe, der Slope, bei 97 für Damen und 103 bei den Herren. Der anspruchsvollste Platz wartet in Bad Wildungen mit einer Stärke von 130 bzw. 133 auf seine Meister. Die weiteren sechs Spielflächen bewegen sich zwischen 119 und 126 für Damen sowie zwischen 121 und 127 für Herren.

GC Bad Arolsen; Zum Wiggenberg 33; Tel. 05691/628444; www.golf-arolsen.de; BC Bad Wildungen; Talquellenweg 33; Tel. 05621/3767; www.golf.de/badwildungen; GC Kassel-Wilhelmshöhe; Ehlener Str. 21, Tel. 0561/33509; www.golfclub-kassel.de; GC Waldeck am Edersee; Domänenweg 2; Tel. 05623/99890; www.golf.de/waldeck; GC Gut Wissmannshof; Staufenberg-Speele; Tel. 05543/9103330; www.golf-kassel.de; GC Zierenberg-Gut Escheberg; Tel. 05606/2608; www.golfclub-escheberg.de; GC Oberaula; Am Golfplatz; Tel. 06628/91540; www.golfclub-oberaula.de; GC Gut Willershausen; Bergring 6; Herleshausen-Willershausen; Tel. 05654/92040; www.golf-gut-willershausen.de

Kanuwandern

Weser, Diemel, Fulda, Werra oder Eder sind friedliche Flüsse, die auch Untrainierten ermöglichen, das Wasser mit dem Stechpaddel zu bewältigen. Allerdings erlaubt der Umweltschutz nur begrenzt Kanuten das Rudern über den Flussgründen. Deshalb ist frühes Buchen dringend empfohlen.

Golfplatz Waldeck: Wie viele Bälle der Edersee wohl schon geschluckt hat?

Bitte Platz nehmen – und den Blick auf Heringhausen und den Diemelsee im Waldecker Land in Ruhe genießen.

Den größten Überblick über die Veranstalter bietet die Bundesvereinigung Kanutouristik, BKT.
www.kanu-touristik.de

Mountainbiking

⟶ S. 121, F 11

Der erste ganzjährig befahrbare Mountainbike-Parcours Deutschlands wurde am Silbersee bei Frielendorf präpariert. Er offeriert drei Rundkurse mit unterschiedlichen Schwierigkeitsgraden: Einsteiger fahren Feld- und Waldwege über 8 km, Trainierte können die Strecke mit Anstiegen und Abfahrten über 7 km wählen, und Profis steht ein 2,6 km langer anspruchsvoller Kurs zur Verfügung. Eine Marathon-Strecke ist im Entstehen begriffen. Im Mountainbike-Park wird übrigens alljährlich im Frühjahr der Mountainbike-Silbersee-Cup ausgetragen.
Frielendorf, Am Silbersee;
Tel. 0 56 84/78 27 (Verkehrsbüro)

Radfahren

Gut ausgebaute Fahrradwege und die kleinen Landstraßen abseits der viel befahrenen Bundesstraßen sind ideal für Biker, die Nordhessen auf dem Velo erkunden wollen.

Mehr als 2000 km sind laut Straßenbehörden als Radwege ausgewiesen. Die meisten führen durch Wälder und entlang der Flüsse. Wem der Tagesausflug in die nähere Umgebung nicht ausreicht und wer stattdessen von Ort zu Ort radeln will, findet für Autos gesperrte ausgeschilderte Routen.

Der Diemelradweg verläuft beispielsweise von Willingen/Usseln über Diemelsee, Marsberg, Diemelstadt, Warburg, Liebenau und Trendelburg bis Bad Karlshafen (110 km).

Bekannt ist auch der Fuldaradweg, der über 194 km Länge von der Quelle in der Rhön bis nach Hannoversch Münden in Niedersachsen reicht. Im Kurhessischen Bergland führt er von Morschen über Malsfeld, Melsungen und Körle nach Guxhagen.

Gut erschlossen ist ebenfalls der Ederauen-Radweg von der Quelle im Rothaargebirge über den Edersee, Fritzlar und Felsberg bis zur Mündung in die Fulda nahe der Gemeinde Edermünde. Gesamtlänge: 180 km.

Auch an der Schwalm entlang lässt es sich hervorragend radeln, und zwar von Schrecksbach bis Willingshausen-Zella auf dem Schwalmtalweg über Neuental und Bad Zwesten nach Borken.

Übrigens: Auf den ausgeschriebenen Radwanderwegen bieten sich zahlreiche Quartiere an, die das Gepäck von einer Unterkunft zur nächsten transportieren, so dass man unbeschwert radeln kann. Informationen geben die Tourist Informationen der Regionen (→ Internet, S. 112).

www.diemelradweg.de

Segeln/Wasserski → S. 121, D 9

Segeln oder Segeln lernen, ein Motorboot leihen oder Wasserski fahren? Im Wassersport-Eldorado Edersee ist das unter anderem beim Wassersportcenter Sun & Fun möglich. Anlaufstelle ist die erste Steganlage an der Edertalsperre auf der Ostseite.

Randstr. 3, Edertal-Edersee;
Tel. 05623/4901; www.sun-fun.de;
Ostern–Sept./Okt. (je nach Wetter)

Surfen

Singliser See → S. 121, F 10

Neben Eder- und Diemelsee gilt vor allem der Singliser See, 77 ha groß, auf Grund seiner konstanten Windverhältnisse als Paradies für Surfer.

Borken, Richtung Homberg/Efze,
Nähe Singlis

Tauchen → S. 121, D 9

Zwei Zonen im Edersee sind als Tauchrevier ausgewiesen. In einer davon kann man noch Reste des Ortes Berich erkennen, der Anfang des letzten Jahrhunderts den Fluten des Stausees geopfert wurde. Ronic Tauchsport bietet begleitende Touren (für 25 €), verleiht und verkauft Tauchausrüstungen.

Uferstr. 3, Niederwerbe;
Tel. 05634/993330;
www.ronic-edersee.de

Wandern

»Wanderer kommst du nach Hessen«, erwarten dich attraktive Reviere zur Landschaftserkundung – wie beispielsweise der Kellerwaldsteig mit insgesamt 155 km Gehweg oder der Märchenlandweg, der durch Kassel und Kassel-Land sowie zu verschiedenen Sehenswürdigkeiten der Grimm'schen Märchenfiguren führt. Eine gesteigerte Herausforderung für den geübten Wanderer bietet der höchste Berg Nordhessens, der Hohe Meißner. Doch keine Bange: Man kann den Aufstieg auch motorisiert bewältigen und findet auf der Höhe Pfade, die bequem zu erklimmen sind und einzigartige Naturschönheiten zeigen.

Und wer einmal völlig entspannt vom Leistungsdruck einen naturnahen Spaziergang erleben möchte, dem sei der Borkener See – zwischen Borken und Trockenerfurth – empfohlen, ein 140 ha großes Gewässer (ausgewiesenes Naturschutzgebiet mit Badeverbot) umgeben von einem schönen Rundweg.

www.kellerwaldsteig.de;
www.maerchenlandweg.de;
www.werra-meissner.de/freizeit/wandern

Tief durchatmen: Der Edersee birgt für Taucher so manche Überraschung.

Familientipps – Hits für Kids

Spielen, staunen, toben – Nordhessen kann für Kinder und ihre Familien zum Abenteuerurlaub werden.

Familien erwünscht – wer mit Kindern reist, findet in Nordhessen zahlreiche Attraktionen, die nicht nur den Kleinen großartig erscheinen.

Kinder lieben Märchen, Kinder wollen im Freien spielen, Kinder bewegen sich gerne – Nordhessen hat den Kids und ihren Eltern in dieser Hinsicht einiges zu bieten: Die geheimnisvollen Geschichten um Schneewittchen, Dornröschen oder Rapunzel werden anschaulich und kindgerecht präsentiert, die ländliche Struktur bietet mit ihren Wäldern, Flüssen und Seen eine einzige große Spielwiese. Speziell auf Kinder zugeschnittene Programme können die Ferien zum unvergesslichen Aufenthalt werden lassen.

Erlebnispark Ziegenhagen

S. 118, C 7

Im Witzenhausener Stadtteil Ziegenhagen wartet mit dem Erlebnispark auf 38 000 qm ein Paradies für Kinder. Gespensterburg, Mondroller oder Gruselkeller entführen in eine andere Welt. Damit die Eltern nicht quengeln, stehen ihnen Grillhütten, ein Auto- und ein volkskundliches Museum zur Ablenkung bereit. Der Eintritt richtet sich nach der Körpergröße: Besucher bis 120 cm zahlen 7,50 €, darüber kostet es 9 €.

Ziegenhagen 3, Witzenhausen;
Tel. 0 55 45/2 46;
www.erlebnispark-ziegenhagen.de;
1.–30. April tgl. 10–17, 1. Mai–31. Aug. tgl. 9.30–18, 1. Sept.–15. Okt. Di–Do, Sa, So 10–17 Uhr; Eintritt 7,50–9 €

Evangelische Akademie

S. 118, A 6

Wenn das Gästehaus nicht durch die Teilnehmer der zahlreichen Tagungen und Seminare belegt ist, vermietet die Evangelische Akademie in Hofgeismar die Zimmer auch an Gäste. Die spartanisch eingerichteten Räume (ohne Fernseher) sind dann besonders für kinderreiche Familien interessant, denn die Preise werden von der Kirche subventioniert. Die so genannte Kinderakademie stellt jedes Jahr Wochenendprogramme für die Jüngsten auf, die sich auf spielerische Weise mit Natur-, Sinn- oder sozialen Fragen beschäftigen.

Gesundbrunnen 11, Hofgeismar;
Tel. 0 56 71/88 10;
www.akademie-hofgeismar.de;
67 Zimmer •

MERIAN-Tipp

2 Hofgut Stammen

Schon mal auf Stroh geschlafen? Das Hofgut Stammen bietet Zimmer an, die mit gepressten Strohbunden ausgelegt sind – ideal für Familien oder Gruppen; abgerechnet wird pro Person. Man kann aber auch in Zelten übernachten und abends ein Lagerfeuer schüren. Bequemer sind dagegen natürlich die drei Familienwohnungen. Das jahrhundertealte Hofgut, direkt an der Diemel gelegen, bietet Kindern und Erwachsenen ein abwechslungsreiches Programm: Bogenschießen, Kanufahren, Mountainbiken, Wanderreiten, Volleyball, Badminton und vieles mehr.

Schlossstr. 29, Trendelburg-Stammen; 05675/725094; www.hofgut.de; Strohhotel (8 € pro Person), 3 Ferienwohnungen • CREDIT S. 118, A 5

Konrad-Duden-Museum

S. 122, C 16

Zu den berühmtesten Bürgern Bad Hersfelds zählt neben dem »Computererfinder« Konrad Zuse der Philologe Konrad Duden, der 1880 mit seinem Wörterbuch die einheitliche deutsche Rechtschreibung entscheidend voranbrachte. Duden wirkte von 1876 bis 1905 als Direktor des Königlichen Gymnasiums. Das Museum rekonstruiert das Leben Dudens und zeigt unter anderem ein Klassenzimmer im Stil der Jahrhundertwende mit den damals üblichen Lehrmitteln.

Neumarkt 31, Bad Hersfeld;
Tel. 0 66 21/7 59 32; So 15–17 Uhr, Fei geschl.

»Es war einmal ... «: Wer im Märchenhaus war, der weiß was zu erzählen.

Märchenhaus S. 121, F 12

Dieses Gebäude regt Kinderfantasien an: Aus dem Fenster unter dem Giebel des mittelalterlichen Hauses hängt ein langer blonder Schopf heraus, Rapunzel lässt ihr Haar herunter. Drinnen warten nachgestellte Szenen der berühmtesten Märchen auf die Besucher: »Schneeweißchen und Rosenrot«, »Sterntaler« oder »Hänsel und Gretel«. In einem anderen Raum liest die Pädagogin Gudrun Grünberg (nach Voranmeldung) die geheimnisvollen und spannenden Geschichten der Gebrüder Grimm ihren kleinen Besuchern vor.

Marktplatz, Neukirchen;
Tel. 06694/1375; Di, Do. 10–12, 15–17, jeden 1. So im Monat 15–17 Uhr; Eintritt 1,50 €

Maislabyrinth S. 121, D 9

Maislabyrinthe gibt es viele, aber dieses zwischen Basdorf und Vöhl am Edersee darf sich auf diverse Auszeichnungen berufen: Das Deutsche Maiskomitee zeichnete die Waldecker Initiative 2001 mit dem zweiten und 2004 gar mit dem ersten Platz als bestes deutsches Maislabyrinth aus. Auf 30 000 qm führen die Wege durch das grüne Dickicht. Doch keine Bange: Im Gegensatz zum Irrgarten findet im Labyrinth jeder aus den verschlungenen Gassen hinaus – wenn auch manchmal über Umwege. Wer danach immer noch »Action« wünscht, darf sich des Rahmenprogramms annehmen und sich in der Heu-Hüpfburg, beim Ponyreiten oder im Indianerdorf austoben.

Brunnenstr. 10, Vöhl;
www.maislabyrinth-edersee.de;
Tel. 05635/596; Mitte Juli-Sept. Mo–Fr 12–19, Sa–So 10–20, Sept.–Okt. Sa–So 12–18 Uhr; Eintritt 7 € (pro Familie)

Naturbadesee Stockelache S. 121, F 10

Es muss nicht immer einer der großen Drei sein: Neben Eder-, Diemel- und Twistesee bieten auch kleinere Gewässer mehr Möglichkeiten als Schwimmen und Sonnen. Der 10 ha umfassende Naturbadesee Stockelache bei Borken beispielsweise wartet mit einem Bad, Sandstrand, Abenteuerspielplatz, Badeinseln und einer 50-m-Wasserrutsche auf. Etwas für Nassforsche ...

Borken, Richtung Bad Zwesten; 1. Mai–30. Sept. 9–19.30 Uhr; Eintritt 2,50 €

Reiten

Die ländliche Struktur Nordhessens ist prädestiniert für Reiter. Zahlreiche Bauerhöfe, die auch Feriengäste aufnehmen, bieten Reitunterricht, verleihen Pferde für den Ausritt oder bieten Gästetieren ein artgerechtes Quartier.

19 Hotels und Höfe haben sich mit den nordhessischen Tourismusorganisationen und reiterlichen Verbänden auf Qualitätsstandards geeinigt, die sowohl den Gästen als auch den Tieren großen Komfort bieten. In der Broschüre »Urlaub und Reiten in Nordhessen« werden diese Bauernhöfe, Wanderreitstationen und Landhotels detailliert vorgestellt.

Broschüre erhältlich im Internet bei NordHessen Touristik, www.nordhessen.de/service und den verschiedenen Tourist Informationen

Schiffsrundfahrten S. 121, D 9

Man muss nicht immer nass werden, um den See zu erkunden. Man kann ihn auch trockenen Fußes befahren. Ob von der Sperrmauer Ost bis West (da ist der Fußweg über die Mauer allerdings schneller), vom Strandbad Waldeck zur Halbinsel Scheid oder als Ganztagestour (Mo, Fr, So) mit neun Stationen: Die »MS Edersee Star« schippert bis zu 450 Personen über das Wasser.

Personenschiffahrt Edersee; Ederseerandstr. 8b; Waldeck; Tel. 0 56 23/54 15; www.personenschiffahrt-edersee.de;

Silbersee → S. 121, F 11

Wegen der Silbereschen und des vermeintlichen »Silberblicks« des Sees bei rechtem Sonneneinfall wurde das ehemalige Tagebauloch bei Frielendorf Silbersee benannt. Nach der Schließung der Zechen hat sich hier der Tourismus etabliert. Eine Ferienanlage mit Wohnungen und Häusern am See und die vielen Freizeitmöglichkeiten (Minigolf, Fahrrad oder Tretboot fahren) sind ideal für Familien. Highlight für Kids: das Wildnis-Camp mit Spielen und Lernen mitten in der Natur; zudem gibt es noch den Silbersee-Bob, eine 750 m lange Allwetter-Rodelbahn mit Steilwandkurven.

Am Silbersee, Frielendorf; www.silbersee-frielendorf.de

Wild- und Erholungspark Meißner-Germerode → S. 123, D 13

Nahezu 40 verschiedene Tierarten leben in diesem 250 000 qm großen Wildpark: Steinböcke, Strauße, Mufflons und Ziegen sowie viele heimische Dam- und Rotwildarten, vom Reh bis zum handzahmen Hirsch.

Doch nicht nur die Fütterungen und der Kontakt mit den Tieren sind ein Erlebnis. Es gibt zudem einen Abenteuerspielplatz sowie das Waldwichtelhaus – ein Museum zum Anfassen und Mitmachen, das das Leben im Wald veranschaulicht und für mancherlei Überraschungen sorgen kann.

Meißner-Germerode; Tel. 0 56 57/75 91; April–Okt. Di–So 10–18, Nov.–März Sa–So 10–17 Uhr; Eintritt 3 €

Freie Fahrt für kleine Bürger: Die 750 Meter lange Allwetter-Rodelbahn am Silbersee bei Frielendorf ist ein Riesenspaß für Kinder.

Unterwegs in Nordhessen

Eine Oase der Ruhe unweit der Stadt: Bergpark Wilhelmshöhe mit Blick auf den Jussow-Tempel und das Riesenschloss samt Herkules.

Eine Region zeigt ihre Facetten: Kunst und Kultur in Kassel, verträumte Fachwerkstädtchen in der Provinz – ein Märchenland mit zauberhaften Wäldern, Burgen und Schlössern.

Kassel und Kassel-Land

Prachtbauten, Parks und Kunst in Kassel – geheimnisvolle Burgen und idyllische Städtchen im Umland.

Der Puls der Stadt: Das im 18. Jahrhundert erbaute Fridericianum in Kassel ist ein weltweit renommiertes Museum für Gegenwartskunst und alle fünf Jahre Schauplatz der documenta.

Kassel – die Stadt der documenta – hat neben junger Kunst und alten Meistern in den zahlreichen Museen noch vieles mehr zu bieten: prächtige Parkanlagen und Auen, das imposante Schloss Wilhelmshöhe und eine quirlige Innenstadt, die zum Bummeln und Flanieren einlädt.

Die Umgebung von Kassel dagegen, mit ihren verträumten Fachwerkstädtchen, den geheimnisumwitterten Wäldern, im Land der Mythen und Märchen, präsentiert sich als ländlich-romantische Idylle.

Kassel

194 000 Einwohner ⇢ S. 118, B 8

→ Stadtplan Klappe hinten

»Alles atmet nur Freude hier. Herrliche Gebäude, Paläste, bezaubernde Gärten, Musik, Malerei, Schauspielkunst, das alles scheint hier zu Hause zu sein«, schwärmte der Dichter Adolph Freiherr von Knigge im Jahre 1776. Und noch heute erhält, wer die Bewohner dieser Stadt danach fragt, was denn nun das Reizvolle an Kassel sei, eine Kurzfassung des Freiherren-Zitats: »Residenzstadt, Stadt der Parks, Stadt der Künste!«

Die nordhessische Metropole, eingebettet in die Talsohle zwischen Habichts-, Reinhards- und Kaufunger Wald, durchströmt von der »Fulle«, der Fulda, wie die Kasselaner ihren Fluss nennen, ist das Herz einer stolzen Region, die schon den Römern als uneinnehmbar galt.

Der Stolz der Kasselaner ist jedoch nicht ungebrochen: 1943 durch Bomben zerstört und nur 45 km von der »Zonengrenze« entfernt, galt die Stadt als Durchgangsstation und Verkehrsknotenpunkt. Der Wiederaufbau Kassels nach dem Krieg setzte nur langsam ein; wie andernorts fehlten auch hier die Mittel. Dennoch: Die Stadt sollte vor allem anderen eine Fußgängerzone und eine verkehrsberuhigte Innenstadt erhalten (schon 1947 gab es erste Pläne dafür), eine Ringumfahrung und genügend Parkplätze, wie die damaligen Stadtväter vorausschauend verfügten. Aber die in der Nachkriegszeit entstandenen Bauwerke erhielten meist schlechte Noten, die »senkrechten Fensterfriedhöfe von der ›Justiz‹ bis zur ›Regierung‹« wurden vom Architekturkritiker Peter M. Bode, selbst ein Kasselaner, angeprangert. Kassel wurde despektierlich als »Budenstadt« abgetan. Andererseits: Was könnte deutlicher und anschaulicher von jener Zeit zeugen als just diese Gebäude? Ihre Standorte sind geprägt vom Zufall, den die Bomben der Royal Air Force bestimmten, und vom Geist der 50er Jahre, der ohne jede Rücksicht Zweckbauten mit geometrisch klaren Strukturen formte.

Das Kapital des Wirtschaftswunders erlaubte daneben historische Gebäude dem Original getreu zu rekonstruieren – und so entstand das Kassel von heute, eine tausendjährige Stadt zwischen Tradition und Moderne.

Mit der Wiedervereinigung rückte die Region vom Rand erneut in die Mitte der Republik, was clevere Marketingstrategen in jüngster Zeit zu dem doppeldeutigen Slogan »Die Lage ist gut!« inspirierte.

Doch nicht nur die documenta soll künftig die Stadt ins öffentliche Bewusstsein rufen. Das Land Hessen investiert in den nächsten Jahren rund 200 Mio. Euro, um Kassel als international konkurrenzfähigen Museumsstandort zu etablieren. Zudem stehen die Chancen gut, dass die UNESCO die fürstlichen Schlösser und Parkanlagen Wilhelmshöhe, Karlsaue und Wilhelmsthal in die Liste für das Weltkulturerbe aufnimmt. Und darüber hinaus strebt Kassel für das Jahr 2010 an, sich mit dem Titel Kulturhauptstadt Europas schmücken zu dürfen.

Bei diesen Perspektiven ist man einmal mehr versucht, den Imperativ zu bemühen und mit neuem Enthusiasmus zu rufen: »Ab nach Kassel!«

Hotels/Andere Unterkünfte

Hotel Gude

→ Klappe hinten, südl. a/b 6

Etwa 15 Automin. vom Zentrum entfernt liegt das Hotel Gude. In dritter Generation geführt von Ralf Gude, der das Haus mit viel Kreativität weiterentwickelt; zuletzt mit der »Salzbar«, die nicht nur Hotelgäste anlockt. Schönes Ambiente, gutes Restaurant. Wer sich verwöhnen möchte: Die »große Suite« mit Dachterrasse und Whirlpool ist für rund 180 € zu haben.

Frankfurter Str. 299;
Tram: Brüder-Grimm-Str.;
Tel. 05 61/4 80 50; www.hotel-gude.de;
84 Zimmer, 13 Suiten ●●● bis ●●
CREDIT

Ein Hauch von Feng Shui – die Salzbar im Hotel Gude.

Ramada-Treff Plaza Hotel Kassel

→ Klappe hinten, westl. a 4

Topmodernes Hotel, das den Ansprüchen eines »gehobenen Business-Hotels« genügt. Liegt direkt an der neoklassizistischen Stadthalle, in der renommierte Künstler wie Anne-Sophie Mutter, BAP und Die Stars der Volksmusik auftreten.

Baumbachstr. 2, Tram: Stadthalle;
Tel. 05 61/7 81 00; www.ramada-treff.de;
164 Zimmer, 5 Suiten ●●● bis ●●
CREDIT

Grandhotel La Strada

→ Klappe hinten, südl. b 6

Moderner Hotel-Komplex mit riesigem Entree zu sehr günstigen Festpreisen. Verschiedene Gastronomieangebote, Gartenrestaurant mit kleinem Wasserfall und Teichanlage, großer Konferenz- und Wellnessbereich. Wer es ein wenig pompöser mag, wird sich hier wohlfühlen.

Raiffeisenstr. 10; Tram: Park Schönfeld;
Tel. 05 61/2 09 00; www.lastrada.de;
290 Zimmer, 10 Suiten ●● CREDIT

Hotel Garni Kö 78

→ Klappe hinten, c 3

Gehobene Pension, in der Nähe des Hauptbahnhofs gelegen; guter Komfort; private Atmosphäre, familiengeführt.

Kölnische Str. 78; Bus: Albert-Schweitzer-Schule; Tel. 05 61/7 16 14;
www.koe78.de; 20 Zimmer ●● CREDIT

Stadthotel Kassel

→ Klappe hinten, c 3

Zentraler geht es kaum: Direkt am Florentinerplatz an der Ecke zur Treppenstraße liegt das Stadthotel – ideal zum Einkaufen oder Besichtigen der Sehenswürdigkeiten.

Wolfsschlucht 21; Tram: Friedrichsplatz;
Tel. 05 61/78 88 80;
www.stadthotelkassel.de;
42 Zimmer ●● CREDIT

Spaziergang

Der Puls der Stadt schlägt am Friedrichsplatz. Hier steht das berühmte **Fridericianum** mit seinem imposanten Säulenportikus und der Balustrade. Das von Simon Louis du Ry in den Jahren 1769 bis 1779 gestaltete und Anfang des 19 Jh. umgebaute Bauwerk wird heute für wechselnde Ausstellungen zeitgenössischer Kunst und natürlich für die documenta genutzt.

Auf der anderen Seite der Frankfurter Straße errichtete Paul Bode, Bruder des documenta-Gründers Arnold Bode, 1959 das **Staatstheater** neu. Die Symmetrie des Platzes bewusst missachtend, wurde der Bau seitlich versetzt und ein wenig gedreht. Keine gute Lösung – weder die

Position noch das Bauwerk selbst, wie manche Kritiker meinen. Andere wiederum preisen die schnörkellose Eleganz. Daneben befindet sich die **documenta-Halle** mit einem verglasten Vorbau, die 1992 zur documenta 9 fertig gestellt wurde und seither für wechselnde Ausstellungen moderner Kunst den passenden Rahmen bietet. Knapp 100 m weiter – in Richtung der Grünanlagen – hat 1977 die Künstlergruppe Haus-Rucker-Co den **»Rahmenbau«** errichtet: Ein stilisiertes und überdimensioniertes Suchfenster einer Kamera (13 x 13 m) soll den Blick auf die grüne Karlsaue und die Orangerie schärfen.

Der Spaziergang führt zurück zum Staatstheater. Links versetzt steht das **Ottoneum**, das Landgraf Moritz 1606 nach seinem Sohn Otto benannte. Es war das erste »fest stehende« Schauspielhaus in Deutschland. Seit 1884 beherbergt es das Naturkundemuseum. Die Sammlungen darin von Mineralogie bis Paläontologie, von Botanik bis Zoologie sind teilweise deutlich älteren Datums (seit 1556).

Auf der anderen Seite der Frankfurter Straße, an der Ecke zur Obersten Gasse, befindet sich das ehemalige **Elisabeth-Hospital**, gegründet im Jahr 1297. In einer Nische der Fassade thront die Kopie der Heiligen Elisabeth von 1435. Das Original wird im Stadtmuseum »gehütet«.

In der Obersten Gasse wartet – etwa auf halber Höhe – die Ruine der ehemaligen **Garnisonskirche** mit einer Überraschung auf: Heute sind in diesem alten Gemäuer das Café und die Pianobar Caruso untergebracht. Gekonnt fügt sich die neue Architektur in die Reste der alten Mauern ein. Vorbei am Druselturm – einem Überbleibsel der einstigen Stadtmauer aus dem Jahr 1415 – geht es bis zur **Martinskirche**, die im Zweiten Weltkrieg schwer in Mitleidenschaft gezogen wurde. Beide Turmobergeschosse stammen aus den 50er Jahren, was augenscheinlich ist, aber nicht störend wirkt. Darüber hinaus gelang es beim Wiederaufbau, das ursprünglich gotische Sterngewölbe zu integrieren.

Rechts an der Kirche vorbei, führt der Weg durch die Straße der »Freiheit« in die Wildemannsgasse und zur **Markthalle** mit ihrer in den 60er Jahren restaurierten historischen Fassade und den Volutengiebeln. Von dort ist es ein Katzensprung in die Brüderstraße und zur **Brüderkirche**: Das frühere Karmeliterkloster ist das älteste hochgotische Bauwerk Kassels. Der Grundstein wurde bereits 1292 gelegt. Beim Wiederaufbau des 1943 zerstörten Gewölbes hat man die mittelalterliche Konzeption beibehalten. Dahinter führt die (Fußgängern vorbehaltene) Karl-Branner-Brücke über die Fulda: Besonders bei schönem Wetter laden die Holzbänke ein zum Blick über den Fluss, auf die Ruderboote und die Vergnügungsschiffe, die hier vor Anker liegen. Im Café und Restaurant Karls am Ende der Brücke erwartet den Besucher – neben Kaffee und Kuchen – eine malerische Aussicht auf die Fulda.
Dauer: ca. 1,5 Std.

Sehenswertes

Bergpark Wilhelmshöhe

→ Klappe hinten, westl. a 5

Europas größter Bergpark (300 ha) befindet sich in luftiger Höhe (527 m). Weithin sichtbar überragt der gigantische Herkules, das Wahrzeichen der Stadt, die Parkanlage. Den Unterbau der 8 m hohen und hohlen Statue bildet ein 63 m aufragendes Oktogon, angelegt als Schloss mit Grotten und Rundbogen. Von hier oben bietet sich ein fantastischer Blick auf die schnurgrade, 7 km lange Achse bis zum Brüder-Grimm-Platz, über Schloss Wilhelmshöhe am Ende des Parks und weit in die Wilhelmshöher Allee hinein. Um 1700 ließ Landgraf Karl den italienischen Baumeister Giovanni Francesco Guerniero den Garten und das Schloss mit den Kaskaden errichten. Steinhöfer-Wasserfall, Teufelsbrücke und Aquädukt ergänzten in der zweiten Hälfte des 18. Jh. die Anlage. Landgraf Wilhelm IX. erteilte 1786 den Auftrag, das Schloss Wilhelmshöhe im klassizistischen Stil und die neugotische Löwenburg mit ihren fürstlichen Wohnräumen und der Rüstkammer zu bauen. Besonderer Anziehungspunkt sind bis heute die Wasserspiele, die am Riesenschloss beginnen und sich über die Kaskaden bis in die Talsenke kurz vor Schloss Wilhelmshöhe ziehen. 250 m lang und 12 m breit sind die Kaskaden, die sich über 852 Treppenstufen in die Tiefe ergießen: ein beeindruckendes und rauschendes Spektakel.

Schlosspark Wilhelmshöhe;
Bus: Herkules; Tel. 05 61/31 68 00;
15. März–15. Nov. 10-17 Uhr (nicht bei schlechter Witterung); Eintritt 2 €
Löwenburg, Schlosspark 3;
Bus: Löwenburg; Tel. 05 61/31 68 02 44;
1. März–31. Okt. 10–17, 1. Nov.–28. Feb. 10–16 Uhr (Besichtigung der Räume nur mit Führung); Eintritt 3,50 €

Wahrzeichen der Stadt Kassel: die acht Meter hohe Statue des Herkules.

Karlsaue mit Orangerie

Klappe hinten, d 6

3

Die von zwei Flussarmen umschlossene Fuldaaue inspirierte 1568 Landgraf Wilhelm IV., auch der Weise genannt, dazu, das Gebiet in einen Renaissancegarten verwandeln zu lassen. Der Graf war offenbar ein experimentierfreudiger Mann und einer der ersten deutschen Fürsten, die neben Orangen und Pomeranzen auch Speisekartoffeln züchteten. So entstand die Orangerie, Deutschlands erstes Gewächshaus für exotische Pflanzen.

Seine heutige Form (150 ha) erlangte der Garten, der damals größer war als die Stadt selbst, von 1701 an, als der ummauerte Schlossgarten im Auftrag der Landgrafen Karl und Friedrich II. erweitert und mit architektonischen Elementen eines englischen Landschaftsgartens bereichert wurde.

Ausgangspunkt der Erweiterung im Norden war die Orangerie. Heute residiert dort das Museum für Astronomie und Technikgeschichte mit Planetarium. Sehenswert sind außerdem das Marmorbad und seine barocke Innengestaltung. Ausgeschmückt mit den Skulpturen und Reliefs von Pierre Etienne Monnot, der hier die Geschichten aus Ovids »Metamorphosen« Gestalt annehmen lässt. Nach Süden begrenzt die künstlich angelegte Blumeninsel Siebenbergen die Parkanlage (geöffnet von 1. Apr.–3. Okt., 10–19 Uhr).

Museum für Astronomie und Technikgeschichte mit Planetarium (Orangerie), Karlsaue 20c; Tram: Friedrichsplatz;
Tel. 05 61/31 68 05 00;
www.museum-kassel.de;
Di–So 10–17 Uhr
Marmorbad
Auedamm 18; Tram: Friedrichsplatz;
Tel. 05 61/31 68 06 25;
nur mit Führung, 1. Apr.–3. Okt. Di–So 10–17 (letzte Führung 16 Uhr);
Eintritt (gilt für beide) 3,50 €

Die Orangerie, heute Domizil des Museums für Astronomie und Technikgeschichte, war einst Deutschlands erstes Gewächshaus für exotische Pflanzen.

KulturBahnhof

⇢ Klappe hinten, b 2

Der ehemalige Hauptbahnhof in Kassel ist ein EXPO-Projekt und der erste KulturBahnhof Deutschlands, liebevoll KuBa genannt. Neben der Skulptur des Himmelsstürmers (»Man Walking To The Sky«, documenta 9) von Jonathan Borofsky auf dem Vorplatz beherbergt die Bahnstation die Galerie für komische Kunst, »Caricatura«, das Architekturzentrum »KAZ«, die Galerie »Stellwerk« und den Club »Gleis 1«, der seit 1996 mit Konzerten und Partys die Kulturszene belebt.

Bahnhofsplatz 1;
Bus/Tram: Hauptbahnhof

Lutherkirche ⇢ Klappe hinten, c 2

Die Kirche am Lutherplatz fiel im Zweiten Weltkrieg britischen Bomben zum Opfer. Das Langhaus wurde zunächst durch ein Provisorium, 1968 durch einen modernen Neubau ersetzt. Allein der 80 m hohe neugotische Turm blieb als eindrucksvolles Mahnmal vom ursprünglichen Sakralbau (1893–97) erhalten und bildet die erhabene Kulisse für den Altstädtischen Friedhof. Hier ruhen – neben anderen – die Schwester der Gebrüder Grimm sowie der 1875 verstorbene letzte hessische Kurfürst Friedrich Wilhelm I.

Lutherplatz;
Tram: Lutherplatz oder Am Stern

Martinskirche ⇢ Klappe hinten, d 3

Die größte Kirche Kassels war als »Hessischer Dom« und somit als Gegenentwurf zur Vorherrschaft der Mainzer Kirchenfürsten angelegt. Der Baubeginn der Stiftskirche wird auf 1364 datiert. Bis ins 20. Jh. erfuhr die Kirche mehrfach Veränderungen: Die jüngsten stammen aus den 50 Jahren des letzten Jh., als – in Folge der Bombenangriffe von 1943 – auf die vier Turmstümpfe eine Verkleidung aus Sandstein gesetzt wurde. Fast glaubt man, die Kirchturmspitzen würden ins Innere der Türme sinken. Sehenswert: das Marmor- und Alabastergrab von Philipp dem Großmütigen.

Martinsplatz; Tram: Am Stern

Museen

Brüder-Grimm-Museum

⇢ Klappe hinten, c 6

Mit ihren Dokumenten zu Leben und Werk von Jacob und Wilhelm Grimm zeigt diese Sammlung, welchen Ein-

Sieben Kilometer lang und schnurgerade: Der Blick vom Riesenschloss reicht bis zum Brüder-Grimm-Platz.

fluss das Brüderpaar auf die literarische, wissenschaftliche und politische Entwicklung im 19. Jh. ausübte.
Palais Bellevue, Schöne Aussicht 1; Tram/Bus: Rathaus; Tel. 05 61/7 87 20 33; www.grimms.de; tgl. 10–17 Uhr; Eintritt 1,50 €

Deutsches Tapetenmuseum

Klappe hinten, b 5/6

Im 1. Stock des Landesmuseums stellt das Deutsche Tapetenmuseum als einziges in der Republik Wandbekleidungen aus drei Jahrhunderten vor: Goldledertapeten des Barock, Biedermeiertapeten des 19. Jh. oder Künstlertapeten des 20. Jh.
Brüder-Grimm-Platz 5; Tram: Rathaus; Tel. 05 61/31 68 03 00; www.museum-kassel.de; Di–So 10–17 Uhr; Eintritt 3,50 €

documenta-Halle

Klappe hinten, d 5

Anlässlich der documenta IX 1992 wurden diese Räume eröffnet und sind seither begehrter Ort für wechselnde Kunstausstellungen und Kulturveranstaltungen.

Während der Sanierung des Staatstheaters bietet die documenta-Halle bis Juni 2006 dem Schauspiel und seinen Protagonisten ein Dach über dem Kopf.
Du-Ry-Str. 1; Tram: Friedrichstr.; Tel. 05 61/70 72 70 (Tourist Info); www.documentahalle.de; Eintritt: wechselnde Preise

Fridericianum

Klappe hinten, c/d 4/5

Das Fridericianum war nach dem Britischen Museum in London das zweite öffentlich zugängliche der Welt. Erbaut zwischen 1769 und 1779 ist es nicht nur einer der Schauplätze für die Kunstausstellung der documenta, sondern mithin ein weltweit gerühmtes Museum für Gegenwartskunst mit wechselnden Ausstellungen.
Friedrichsplatz 18; Tram: Friedrichsplatz; Tel. 05 61/7 07 27-20; www.fridericianum-kassel.de; Mi–So 11–18 Uhr; Eintritt 4 €

Gemäldegalerie Alte Meister

Klappe hinten, westl. a 5

Die bedeutende Sammlung im Schloss Wilhelmshöhe konzentriert sich auf Arbeiten aus dem 16. und 17. Jh. Schwerpunkt ist die niederländische Malerei, darunter die »Feldwache in Waldlichtung« von Jan Brueghel dem Älteren, Rembrandts »Saskia« oder Rubens »Triumph des Siegers«.
Schloss Wilhelmshöhe, Schlosspark 1; Tram/Bus: Wilhelmshöhe; Tel. 05 61/31 68 00; www.museum-kassel.de; Di–So 10–17 Uhr; Eintritt 3,50 €

Museum für Sepulkralkultur

⇢ Klappe hinten, a 6

Als einzige Stätte ihrer Art in Deutschland beschäftigt sich dieses Museum mit einem der letzten Tabus, dem »Tod« und der »Trauerkultur«: Totenhemden oder Leichenwagen aus mehreren Jahrhunderten, aber auch die künstlerische Auseinandersetzung mit dem Sterben werden hier thematisiert.

Weinbergstr. 25–27; Tram: Weigelstr., Rathaus; Tel. 05 61/91 89 30; www.sepulkralmuseum.de; Di–So 10–17, Mi 10–20 Uhr; Eintritt 4 €

Neue Galerie

⇢ Klappe hinten, b/c 6/7

Europäische Malerei und Skulpturen von 1750 bis heute bilden den Schwerpunkt der Neuen Galerie. Die klassische Moderne ist mit Werken von Ernst Ludwig Kirchner und Max Ernst, die Gegenwartskunst mit Gerhard Richter, Mario Merz und vor allem Joseph Beuys vertreten.

Schöne Aussicht 1; Tram/Bus: Rathaus; Tel. 05 61/31 68 04 00; www.museum-kassel.de; Di–So 10–17 Uhr; Eintritt 3,50 €

Ottoneum ⇢ Klappe hinten, d 4

Das Naturkundemuseum im Ottoneum, benannt nach Otto, dem Sohn des Landgrafen Moritz, ist stolzer Besitzer der ältesten systematischen Pflanzensammlung Europas aus dem 17. Jh., die Schildbach'sche Holzbibliothek mit konservierten Blättern, Blüten, Wurzeln oder Schnitten von Ästen. Weitere Attraktion: der »Goethe-Elefant«, ein Skelett, an dem der Dichter seine Forschungen über Zwischenkieferknochen bei Säugetieren durchführte.

Steinweg 2; Tram: Friedrichsplatz; Tel. 05 61/7 87-40 66; www.stadt-kassel.de; Di–So 10–17 Uhr (24. und 31. Dez. geschl.); Eintritt 1,50 €

Essen und Trinken

Restaurant Park Schönfeld

⇢ Klappe hinten, südl. a/b 6

Eigentümer und Küchenchef Hermann Krasenbrink, Schüler von Meisterkoch Harald Wohlfahrt, hat im Schloss Schönfeld ein exzellentes Restaurant etabliert, das dem Gault Millau eine Kochmütze wert war. 4 Die Karte wechselt alle paar Wochen und orientiert sich am saisonalen Angebot. Elegantes Ambiente in einem Haus, das mitten im Park von Schloss Schönfeld liegt.

Bosestr. 13; Tram: Park Schönfeld, Bus: Botanischer Garten; Tel. 05 61/2 20 50; www.parkschoenfeld.via.t-online.de; Mo–Sa 11.45–14.15, ab 18 Uhr ●●●● CREDIT

Zum Steinernen Schweinchen

⇢ Klappe hinten, westl. a 6

Zählt nach Hotel Hohenhaus bei Herleshausen und dem Restaurant Park Schönfeld zu den überregional anerkannten Feinschmeckeradressen: In der »Gastrotel-Bestenliste 2004«, einem Ranking der wichtigsten Gourmetpublikationen, belegte das Steinerne Schweinchen Platz 438, Park Restaurant Schönfeld landete auf Rang 338, Schloss Hohenhaus auf 45.

Das Restaurant an der viel befahrenen Konrad-Adenauer-Straße mit Blick über Baunatal gehört zu einem First-Class-Hotel. Ein zweites Restaurant bietet mediterrane Küche zu moderaten Preisen. Im selben Komplex befindet sich Cassels Hausbrauerei, ein Wirtshaus mit kleinem Biergarten, in der sich das selbst gebraute Schweinchenbräu, ein naturtrübes Bier, genießen lässt.

Konrad-Adenauer-Str. 117; Tel. 05 61/9 40 48-0; www.steinernes-schweinchen.de; Bus: Brasselsberg; 44 Zimmer, 10 Appartements, 1 Suite ●●●● AmEx MASTER VISA

Rossini ⇢ Klappe hinten, d 3

Speisen in Ruinen: Das Rossini fügt sich elegant in die ehemalige Garnisonskirche aus dem 18. Jh. ein, die im Zweiten Weltkrieg zerstört wurde. Der Gast hat in den geschmackvoll eingerichteten Räumen auf zwei Etagen die Wahl zwischen feinen italienischen

Gerichten und 100 Weinen. Beachtenswert: die große Auswahl an Antipasti. Nebenan kann man den Abend ausklingen lassen. Jeden Abend treten im Caruso ab etwa 20.30 Uhr Künstler auf: von Live-Piano über Salsa, bis Loungemusik – angenehm leichte Muse.
An der Garnisonskirche 2; Tram: Königsplatz; Tel. 05 61/7 39 37 37; Di–Fr 18–24, Sa 11/13.30–24 Uhr ●●●

Enoteca Osteria

⇢ Klappe hinten, a 4

Gisela Levorato und ihr Mann Elis zogen 1996 in die Osteria am Königstor. Ihre Küche zeichnet sich dadurch aus, dass sie wesentlich breiter gefächert ist als bei der italienischen Konkurrenz: »Kürbissüppchen mit frischem Ingwer, Kokosmilch und gerösteten Kürbiskernen«, »Geräucherte Entenbrustscheiben mit Linsen-Vinaigrette auf Rucola-Salat« und als Abschluss vielleicht ein »Weißes Schokoladen-Mohnparfait mit Waldbeersoße«? Stammgäste werden mit Küsschen empfangen.
Jordanstr. 11; Tram: Karthäuserstr.; Tel. 05 61/77 37 05; www.lafrasca.de; Mo–Sa 18–1 Uhr ●●

Gambero Rosso

⇢ Klappe hinten, westl. a 5

Zur gemütlichen Trattoria und Weinstube gehört ein Delikatessenladen, der sich auf italienische Spezialitäten kapriziert hat und unter anderem qualitativ hochwertige Olivenöle anbietet. Die selbst gemachten Nudeln werden nicht nur verkauft, sondern auch in der Weinstube serviert. Das Gambero Rosso offeriert bei gedämpfter klassischer und populärer italienischer Musik nur Speisen, die am selben Tag zubereitet wurden.
Gräfestr. 4; Tram: Kirchweg; Tel. 05 61/28 53 81; www.gamberorosso-kassel.de; Mo–Sa 12–14.30, 18–1 Uhr; Geschäft: Mo–Fr 10–19, Sa 10–14 Uhr ●●

Ilyssia ⇢ Klappe hinten, westl. a 6

Griechische Küche muss nicht immer unbedingt Souvlaki, Bifteki oder Gyros heißen. Das Ilyssia unweit des ICE-Bahnhofs hat sich als Spezialitätenrestaurant einen guten Namen gemacht. Eine wechselnde Sonderkarte verspricht »Nudeln mit Scampi und Fisch in Estragon-Weißwein-Soße«. Große Terrasse.
Lange Str. 83; Tram: Kunoldstr.; Tel. 05 61/31 17 93; Mo–So 12–15, 17.30–24 Uhr ●●

Orangerie Kassel

⇢ Klappe hinten, d 6

Ein faszinierendes Ambiente bietet die Gastronomie der Orangerie in der fürstlichen Karlsaue. Die Sonnenterrasse gibt wahlweise den Blick frei auf das strahlend gelbe ehemalige Gewächshaus mit den Eckpavillons oder auf die riesige Grünfläche mit den rahmenden Skulpturen und dem angrenzenden kleinen Waldgebiet. Abwechslungsreiche Karte mit mediterraner und bürgerlicher Küche. Einziger Wermutstropfen: Der junge Service erfordert in Hochzeiten manchmal etwas Geduld vom Gast.
An der Karlsaue/Auedamm 20B; Tram: Friedrichsplatz; Tel. 05 61/5 29 70 87; www.orangerie-kassel.de; tgl. 10–24 Uhr ●● DINERS MASTER VISA

Zum Postillion

⇢ Klappe hinten, b 5

Modern gestaltetes Restaurant, ohne »overstyled« zu wirken. Viele kleine Gerichte, große Salatauswahl, und die Fisch- und Fleischgerichte heben sich durch die Wahl der Zutaten positiv von der üblichen bürgerlichen Küche ab.
Brüder-Grimm-Platz 4; Tram: Rathaus; Tel. 05 61/1 78 31; www.postillion-kassel.de; Mo–Sa 11–1 Uhr ●●

Cafe Blume ⇢ Klappe hinten, c 4

Ali Köksal und seine Familie haben im Oktober 2003 den Blumenladen auf dem Florentinerplatz übernommen

und ihn in ein kleines Café mit 25 Plätzen innen und 100 draußen verwandelt. Als Zwischenmahlzeit werden Tapas, Kuchen und Fladensandwich angeboten. Den Espresso gibt es noch zu italienisch günstigen Preisen.
Florentinerplatz 1; Tram: Friedrichsplatz; Tel. 05 61/7 66 88 68; Mo–Do 9.30–22, Fr, Sa 9.30–24, So 13–22 Uhr ●

Melchior Coffeeshop

⇢ Klappe hinten, b/c 4

Kassels erster Coffeeshop. Im amerikanischen Design stilvoll eingerichtet. Jazz- und Loungemusik im Hintergrund – ideal für eine Latte Macchiato zwischendurch. Raucher nehmen an den Tischen draußen Platz.
Neue Fahrt 15; Tram: Friedrichstr.; Tel. 05 61/7 66 37 40; Mo–Fr 8–19, Sa 9–18 Uhr ●

Pause auf italienisch: Due Espressi, per favore!

Einkaufen

Die Aussteuer

⇢ Klappe hinten, c 4

Gehobene Ansprüche wird man im Fachgeschäft für alles Textile in Bett, Bad und am Tisch problemlos zufrieden stellen können. Farbenprächtige Designs, exklusive Marken wie Bassetti.
Obere Königsstr. 20; www.heinsius-sander.de

Heinsius & Sander

⇢ Klappe hinten, c 4

Kasselaner Institution, seit 1874 am selben Platz. Das aufwendig restaurierte, stilvoll eingerichtete Modehaus führt anspruchsvolle Herren- und Damenbekleidung, darunter Marken wie Armani, Ermenegildo Zegna, René Lezard. Hervorragender Service.
Obere Königsstr. 17; www.heinsius-sander.de

Heitkamp

⇢ Klappe hinten, c 4

60 bis 70 Prozent der Ware stammen bei Juwelier Heitkamp aus eigener Kollektion. Die Unikate beginnen bei etwa 100 € für Schmuck aus Silber, Titan oder Stahl. Für einen Brillantring mit 2,5 Karat sollte man mit 20 000 € rechnen. Es war eben schon immer etwas teurer, einen besonderen Geschmack zu haben.
Obere Königsstr. 41; www.juwelier-heitkamp.de

Am Abend

Komödie

⇢ Klappe hinten, westl. a 4

Der Name ist Programm: Die Komödie konzentriert sich seit 1950 hauptsächlich auf Lustspiele. Aber auch Revuen und Kinderstücke stehen auf dem Plan.
Friedrich-Ebert-Str. 39; Tram: Karthäuserstr.; Tel. 05 61/1 83 83; www.komoediekassel.de; tgl. 10–13, 19–20, So 18–19 Uhr (Kasse)

Lolita-Bar

⇢ Klappe hinten, b 2

Das ehemalige Rotlichtlokal im 1. Stock in der Nähe des KulturBahnhofs ist immer noch etwas Besonderes – vor allem, weil sich das Interieur kaum verändert hat. Vom Szene-Magazin »Frontpage« wurde die »Lolli-Bar« einst als bester Chill-out-Club Deutschlands ausgezeichnet. Im Erdgeschoss geht's im Café Mononova ruhiger zu.
Werner-Hilpert-Str. 22; Tram: Hauptbahnhof; Tel. 05 61/71 31 47; Mi–Sa ab 22 Uhr

Marth

⇢ Klappe hinten, a 5

Seit November 2002 die In-Bar für gehobenere Ansprüche. Hier verbringen – wenn Kassel ihren Terminplan füllt – Boris Becker, Björn Engholm oder Seal einen angenehmen Abend, Besitzer Frank Marth pflegt auch gute Kontakte zur Stadt-Prominenz. Erklärt

Die documenta

Hundert Tage Aufmerksamkeit

Die Geschichte der documenta, die 2005 auf ihr 50-jähriges Bestehen zurückblickt, beginnt als beiläufige Veranstaltung der Bundesgartenschau in Kassel. Im altehrwürdigen Fridericianum, durch die Bomben des Zweiten Weltkriegs schwer beschädigt, initiierten der Kasseler Professor Arnold Bode und der Berliner Kunsthistoriker Werner Haftmann eine Ausstellung, die »alle seit Anfang des 20. Jh. bedeutenden Künstler des abendländischen Kulturkreises (Maler, Bildhauer, Architekten) mit zwei oder drei für ihre Entwicklung charakteristischen Meisterwerken« präsentiert. Das Ergebnis: Erstmals seit dem »Dritten Reich« wird in Deutschland die vormals so genannte Entartete Kunst in großer Breite dem Publikum zugänglich gemacht. Die Resonanz ist groß: 130 000 Zuschauer strömen in die Ruine des Fridericianums – Auftakt einer Ausstellung, die zur wichtigsten der Welt avancieren sollte. Seitdem gilt sie alle fünf Jahre als Gradmesser der Gegenwartskunst; auch 2007, wenn die documenta 12 für hundert Tage (16. Juni–23. Sept.) Kassel in den Mittelpunkt der internationalen Kunstszene stellt.

Seit 1959 nutzen Künstler auch den öffentlichen Raum der Stadt, um ihre Skulpturen und Installationen in Szene zu setzen. Einige dieser Werke bleiben auch nach der Ausstellung an ihren Standorten. Am populärsten ist wohl Borofskys »Himmelsstürmer« (»Man Walking To The Sky«). Doch auch andere Inszenierungen verdienen erneut ins Bewusstsein der Betrachtung gerückt zu werden – damit ihnen ähnliche Schicksale wie das des »vertikalen Erdkilometers« erspart bleiben. Die Sandsteinplatte konnte erst im letzten Moment davor bewahrt werden, von einem jener Container, die zu dem provisorischen Kuppeltheater auf dem Friedrichsplatz gehören, zugestellt zu werden.

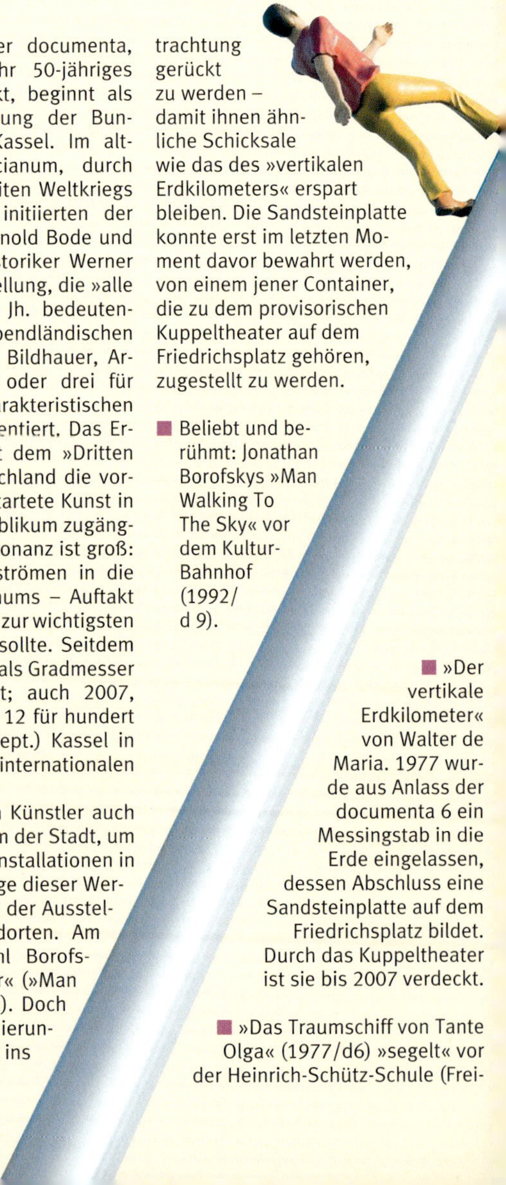

■ Beliebt und berühmt: Jonathan Borofskys »Man Walking To The Sky« vor dem Kultur-Bahnhof (1992/ d 9).

■ »Der vertikale Erdkilometer« von Walter de Maria. 1977 wurde aus Anlass der documenta 6 ein Messingstab in die Erde eingelassen, dessen Abschluss eine Sandsteinplatte auf dem Friedrichsplatz bildet. Durch das Kuppeltheater ist sie bis 2007 verdeckt.

■ »Das Traumschiff von Tante Olga« (1977/d6) »segelt« vor der Heinrich-Schütz-Schule (Freiherr-vom-Stein-Str. 11). Der Künstler des Werks, Anatol (K. H. Herzfeld), ist einer der bekanntesten Schüler Beuys.

■ Neben der documenta-Halle am Friedrichsplatz befindet sich »Der Rahmenbau« der Künstlergruppe Haus-Rucker-Co. Von hier aus bietet sich die beste Sicht auf die Aue (1977/d 6).

■ Die Installation »Laserscape« von Horst H. Baumann, das weltweit erste Laser-Lichtnetz, war damals eine Sensation: Ein grüner Argon- und ein roter Kryptonstrahl am Fridericianum und am Zwehrenturm »greifen« über 7300 m nach dem Herkules und verweisen so auf den historischen Zusammenhang zwischen Stadtzentrum und Wilhelmshöhe (1977/d 6).

■ Die »Spitzhacke« von Claes Oldenburg ist eine 12 m hohe Skulptur, die sich am linksseitigen Fuldaufer in einer gedachten Verlängerung der Wilhelmshöher Allee befindet. Aufgrund der Wurfrichtung und der monumentalen Größe scheint es so, als habe Herkules sie hierher geschleudert (1982/d 7).

■ »Stadtverwaldung statt Stadtverwaltung« proklamierte Joseph Beuys 1982 im »Projekt 7000 Eichen«. Innerhalb von fünf Jahren ließ er im gesamten Stadtgebiet 7000 Bäume pflanzen und stellte je eine Basaltstele dazu (1982/d 7).

■ Ulrich Rückriems unübersehbarer »Granitblock« (1982/d7) ist ein 330 x 180 x 100 cm großer, in drei Teile gespaltener Stein neben der Neuen Galerie (Schöne Aussicht 1).

■ »Three To One« heißt die Klanginstallation von Max Neuhaus, die als Dauerleihgabe in der AOK (Friedrichsplatz 14) zu besichtigen und bei wenig Publikumsverkehr auch zu hören ist (1987/d 8).

■ Das Ziegelmauerwerk (ohne Titel) von Per Kirkeby bildet mit seinen klaren und strengen Formen einen augenfälligen Kontrast zu den schwungvollen Bögen und Kurven der documenta-Halle (Friedrichsplatz), hinter der es steht (1992/d 9).

■ »Die Fremden« betitelte der Deutsche Thomas Schütte seine vier (ursprünglich waren es zwölf) Keramikfiguren, die abseits der Kasseler Einkaufsmeile auf dem Portikus des Sinn-Leffers-Kaufhauses (Friedrichsplatz 19–20) und somit auch abseits des Kunstgeschehens stehen. Ihre Haltung – die Arme eng am Körper, den Blick gesenkt – drückt ihre gesellschaftliche Randstellung aus und wurde im politischen Kontext als Anspielung auf die Debatte um das Asylrecht verstanden (1992/d 9).

■ Alberto Vianis abstrakte Bronzeskulptur »Scultura Astratta« (1959/documenta 2) war ursprünglich vor der Orangerie zu bewundern und steht heute in der Ingenieurschule (Wilhelmshöher Allee 71–73).

■ Lois Weinberger pflanzte auf dem stillgelegten Gleis 21 des Kultur Bahnhofs Gewächse, die ursprünglich nicht aus Europa stammten und somit als Symbol der Migration interpretiert wurden. Wild wuchern die Pflanzen in diesem »Einwanderungsland« inmitten der Gleise, die, so der Künstler, einst nach Auschwitz führten (1997/d 10).

dies das große Whiskey-Angebot von 40 Sorten?
Wilhelmshöher Allee 118; Tram: Kirchweg; Tel. 05 61/8 16 47 48; www.der-marth.de; Di–So 18–2, Fr, Sa 18–3 Uhr

Spielbank Kassel
⇢ Klappe hinten, westl. a 5
Pech in der Liebe? Dann soll man ja Glück im Spiel haben. Unweit des Schlosses Wilhelmshöhe öffnet die Spielbank ihre Tische für Roulette und Black Jack. Auch Automaten warten auf den Münzeinwurf. Krawatte oder Fliege, Jackett nicht vergessen – und »das Schuhwerk sollte gepflegt sein«.
Schlosspark 8; Tel. 05 61/93 08 50; Tram: Schloss Wilhelmshöhe; www.spielbank-kassel.de; Automaten: 15–3; Roulette 17–3, Black Jack 18–3 Uhr

Staatstheater ⇢ Klappe hinten, d 5
Im August 2004 hat Thomas Bockelmann – übrigens Cousin von Udo Jürgens – die Intendanz übernommen und traf gleich auf ein Provisorium: Wegen Sanierungsarbeiten residiert das Musiktheater bis Juni 2006 in einem Kuppelzelt auf dem Friedrichsplatz, während das Theater in der documenta-Halle eine vorübergehende Bleibe gefunden hat.

Die ersten Inszenierungen an den fremden Stätten, Verdis »Don Carlos« und Brechts »Dreigroschenoper«, wurden von Publikum und Kritik gut angenommen.
Friedrichsplatz 15; Tram: Friedrichsplatz; Tel. 05 61/10 94-2 22; www.staatstheater-kassel.de

Starclub ⇢ Klappe hinten, d 3
Stepptanz, Parodie, Ringtrapez, Chanson – das Varietee in der Kurfürsten-Galerie präsentiert seit 1996 ein ambitioniertes Programm in dem magisch illuminierten Saal.
Mauerstr. 11; Tram: Königsplatz; Tel. 05 61/76 62 20; www.starclub.de; Mi–Fr, 20, Sa 20, 23.30, So 21 Uhr

Zentralbar
⇢ Klappe hinten, westl. a 4
Lauschige Bar mit teilweise geschlossenen Sitzeinheiten zu Lounge-Musik, Jazz und Soul. Bietet auch Mittagstisch.
Hinter der Komödie 15; Tram: Karthäuserstr.; Tel. 05 61/71 03 73; Mo–Fr 12–14.30, 17–1, Sa, So 17–1 Uhr

Service

Auskunft

Kassel tourist ⇢ Klappe hinten, b 5
Obere Königsstr. 15 (im Rathaus); Kassel; www.kassel-tourist.de; Tel. 05 61/7 07 71 07, Fax 7 07 71 69; Mo–Fr 9–18, Sa 9–14 Uhr

Kassel tourist
⇢ Klappe hinten, westl. a 5
Wilhelmshöher Allee (im ICE-Bahnhof); www.kassel-tourist.de; Tel. 05 61/3 40 54, Fax 31 52 16; Mo–Fr 9–13, 14–18, Sa 9–13 Uhr

Ziele in der Umgebung

Bad Karlshafen ⇢ S. 118, A 5

Bad Karlshafen wurde 1699 als barocke Reißbrettstadt von Landgraf Karl in Auftrag gegeben. Um die hohen Zölle im benachbarten Münden zu umgehen, sollte die Stadt (4900 Einwohner) mit einem Hafen an die Wesermündung angebunden sein. Karl siedelte 38 hugenottische Familien und Glaubensflüchtlinge aus Frankreich an – aus Barmherzigkeit, aber auch aus wirtschaftlichem Kalkül, denn die Hugenotten waren in der Handwerkskunst ihrer Zeit voraus. Baumeister waren Paul du Ry, auch ein Hugenotte, und der Ingenieur Friedrich Conradi. Die Pläne scheiterten aus finanziellen Gründen, doch Stadt, Hafen und Ansätze des Kanals zwischen Weser und Rhein sind noch vorhanden. Mitte des 19. Jh. avancierte Karlshafen dank seiner Sole-Quellen zum Badeort. Seit 1977 trägt die Stadt den Titel »Bad«. 5

Das Barockstädtchen beeindruckt durch seine strenge Geometrie und die einheitliche weiße Fassadengestaltung. Sogar die Namen der Geschäfte sind (meistens) im einheitlichen Schriftbild gehalten. Fast jedes Haus hat eine Geschichte zu erzählen. So diente das Hotel Zum Schwan – bis in die 60er Jahre zählte es zu den 20 besten in Deutschland – als Jagdschloss und Gästehaus von Landgraf Friedrich II., das Hotel zum Fürstenkrug schmückt sich, die erste Branntweindestille der Stadt gewesen zu sein.

Ein Modell der Stadt, den ursprünglichen Planungsideen nachempfunden, steht im Foyer des Rathauses (Hafenplatz 8; 1. Mai–15. Okt. 7–22, 16. Okt.–30. Apr. 7–17 Uhr). Führungen finden jeden Sonntag um 15 Uhr statt, Treffpunkt Rathaus (Hafenplatz 8, Eintritt 2 €).

45 km von Kassel

HOTELS/ANDERE UNTERKÜNFTE

Hessischer Hof

Der gute Ruf des Hessischen Hofes reicht bis nach Kassel. Der Betrieb wurde bereits 1904 von der Familie Bunzenthal geführt. Vom historischen Ursprung ist im Inneren allerdings nicht viel übrig geblieben: moderne Zimmer, Restaurant im Wintergarten. Weniger wäre mehr gewesen, denkt man beim ersten Blick auf die Speisekarte aufgrund der vielen, vielen Gerichte. Nach einigem Suchen finden sich allerdings Spezialitäten, die es nur im Hessischen Hof gibt, z. B. »Reinhardswälder Wildpfeffergeschnetzeltes mit Pfifferlingen in Rotweinsoße«.

Carlstr. 13 + 15; Tel. 05672/1059; www.hess-hof.de; 20 Zimmer, 2 Suiten, 1 Appartementwohnung mit 2 Schlafzimmern ●● AmEx MASTER VISA

Pension Altes Pfarrhaus

Das ehemalige Pfarrhaus in Helmarshausen, gebaut 1756, dient heute als Pension des Restaurants Klosterkrug. »Gute Stube« mit zum Teil alten Möbelstücken, jedes Zimmer mit Bad.

Steinstr. 1, Helmarshausen; Tel. 05672/921272; www.klosterkrug.de; 4 Zimmer, 1 Appartement ●

SEHENSWERTES

Kloster Helmarshausen

In dem berühmten ehemaligen Kloster im Stadtteil Helmarshausen wurde im 12. Jh. eine Kunstwerkstatt gegründet. Hier schuf 1180 Mönch Herimann das reich mit Silber und Gold verzierte »Evangeliar« eigens für Heinrich den Löwen. Es gilt als eines der bedeutendsten Werke romanischer Buchmalerei. In der benachbarten Kapelle liegt ein Faksimile des »Evangeliars«. Das Original befindet sich in der Herzog-August-Bibliothek in Wolfenbüttel. Der ehemalige Kapitelsaal und die Abtskapelle dienen heute als Freizeit- und Jugendheim.

Poststr. 8, Helmarshausen; Tel. 05672/9999-22 (Kurverwaltung)

Krukenburg

Zum Schutz des Klosters, der Stadt Helmarshausen und der 1126 geweihten Johannis-Kapelle ließ Abt Konrad III. bis 1220 die Krukenburg errichten. 1538 wurde im Zuge der Reformation die Burg verlassen. Heute steht nur noch eine Ruine. Die 122 Stufen des Turms führen zu einer wunderbaren Aussicht über Helmarshausen. Übrigens: Der Sage nach

Geometrisch angelegt, klassisch schön: die Barockstadt Bad Karlshafen.

lebte hier der Riese Kruko, der jeder seiner drei Töchter ein Schloss errichten ließ: für Saba die Sababurg, für Trenda die Trendelburg und für Bramba die Bramburg.

Helmarshausen;
1. Apr.–31. Okt. 10–18 Uhr; Eintritt 1 €

Museen

Der Mühlenplatz

Richard Wittrich war Grafiker und Bühnenbildner am Kasseler Staatstheater und hatte ein außergewöhnliches Hobby: Er baute exakte Miniaturmodelle (im Maßstab von 1:25 und 1:40) der Schlösser, Kirchen und Mühlen aus der Region, aber auch aus dem europäischen Ausland nach. Größtes Exponat: Schloss Neuschwanstein. Die liebevoll gestaltete, 3000 qm umfassende Freilichtausstellung befindet sich am Westrand des Luftkurortes Gieselwerder.

Im Reinhardswald, Oberweser-Gieselwerder; Tel. 05572/1510; www.oberweser.de; 1. Apr.–30. Sept. 10–18, 1. Okt.–15. Okt. 10–17 Uhr

Deutsches Hugenottenmuseum

Trotz Androhung der Todesstrafe flüchteten Ende des 17. Jh. tausende Hugenotten aus Frankreich. Hessen nahm 3800 französische Protestanten calvinistischen Glaubens auf – aus religiöser Toleranz, aber auch aus wirtschaftlichen Gründen. Die Hugenotten führten neue Handwerkszweige und Technologien in Deutschland ein – z. B. die Knopfmacher oder die maschinelle Strumpfproduktion. Das Deutsche Hugenottenmuseum zeigt anschaulich, in welch ärmlichen Verhältnissen die Einwanderer lebten und welche Techniken sie einführten.

Hafenplatz 9a; Tel. 05672/1410; www.hugenotten.de; 1. März–30. Dez. Di–Fr 10–12, 14–18, Sa, So 11–18 Uhr; Eintritt 3 €

Klosterkirche St. Georg und Maria

Die kreuzförmige Basilika in Wahlsburg-Lippoldsberg – rund 8 km südöstlich von Bad Karlshafen gelegen – gilt als eine der ältesten komplett eingewölbten Kirchen und zählt zu den bedeutendsten romanischen Bauten des 12. Jh. in Deutschland. Die Grundzüge ihrer heutigen Form entstanden von 1138 bis 1151. Beeindruckend: die Gewölbe mit den charakteristischen Gurtbögen.

Klosterhof, Lippoldsberg; Tel. 05572/93780 (Gemeinde Wahlsburg); www.klosterkirche.de; Mo–So 9–18 Uhr (im Sommer länger)

Essen und Trinken

Landgraf Carl

Das älteste Haus der Stadt, Grundsteinlegung war 1699, bietet rustikale Kost aus der bekannten Palette gutbürgerlicher Küche. Über dem Restaurant befinden sich sechs Hotelzimmer (●●).

Hafenplatz 2; Tel. 05672/373; www.hotel-landgraf-carl.de; Fr–Mi 8–21 Uhr ●●

Restaurant Klosterkrug

Über die Stadtgrenzen hinaus hat sich die Küche des Restaurants einen Namen gemacht. Garantiert frische Zutaten, eigene Soßenrezepte. Angenehme Atmosphäre; über zwei Etagen in der ehemaligen Scheune des Pfarramts.

Steinweg 1, Helmarshausen; Tel. 05672/2204; www.klosterkrug.de; Mi–Sa 11–14; 18–24, So 11–21 Uhr ●●

Schäferscheune

Drei Jahre dauerte die Restaurierung des ehemaligen Vorwerks der Krukenburg. Und sie hat sich gelohnt: Heute bietet das historische Café unterhalb der Krukenburg auf zwei Etagen Platz für 100 Gäste. Geschmackvolles Ambiente im Landhausstil; nur Kleinigkeiten zum Essen.

Graseweg 62; Tel. 05672/921096; www.schaeferscheune.de; Di–Fr 13–18, Sa, So 11–18 Uhr ●●

EINKAUFEN

Hugenottisches Weinhaus Römer

Seit 1858 betreibt die von Hugenotten abstammende Familie Römer das Weinhaus am Hafenbecken. Nur hier gibt es den »Römer-Kaffee«, einen süßen Mokka-Likör und den »Alten Römer«, einen Kräuterschnaps nach überlieferten Familienrezepten. Hinzu kommen mehr als 150 internationale Weine. Sehenswert: der historische Weinkeller, in dem mehrmals im Jahr Kunstausstellungen veranstaltet werden.

Hafenplatz 15; Tel. 0 56 72/3 31; www.weinhandlung-roemer.de; Mo, Mi–Sa 10–12, 15–18 Uhr

WELLNESS

Weserbergland-Therme

Das modernste Thermalbad der Region hat im Dezember 2004 seine Pforten geöffnet. Die Quelle des mit 33 bis 36 Grad Celsius angenehm warmen Solewassers entspringt in 1150 m Tiefe. Die Saunalandschaft bietet acht Saunen im Innen- und Außenbereich sowie zwei Dampfbäder und einen Hamam. Außerdem: Whirlpools und Meditationsgrotte. Schönheitsbäder und Massagen gibt es gegen Aufpreis. Das Dach der Therme ist als Ruhezone und Sonnenterrasse angelegt. Die Bauherren verweisen mit Stolz darauf, dass der Wellness-Tempel mit fast 100 t Marmor ausgestattet wurde.

Kurpromenade 1; Tel. 0 56 72/6 89 86 09; www.kristall-weserberglandtherme.de; Mo–Do, So 9–22, Fr, Sa 9–23 Uhr; Eintritt 10,50 € (2 Std. Therme und Sauna)

SERVICE

Auskunft

Tourist Information

Rathaus, Hafenplatz 8, Karlshafen; Tel. 0 56 72/9 99 9 2, Fax 99 99 25; www.bad-karlshafen.de; 1. Mai–30. Sept. Mo–Fr 9–12, 14–17.30, Sa 9.30–12, So 14.30–17, 1. Okt.–30. Apr. Mo–Fr 9–12, 14–16 Uhr

Calden

→ S. 118, A 7

11 km von Kassel

HOTELS/ANDERE UNTERKÜNFTE

Waldhotel Schäferberg

In Espenau, an der Bundesstraße zwischen Calden und Kassel gelegen, lädt das Waldhotel ein, die Umgebung zu erkunden. Terrasse, Hotelbar, Sauna mit Freiluftbereich, Kegelbahn und Billardzimmer, Kosmetikstudio. Tipp: Um ein Zimmer bitten, das nicht zur lauten Bundesstraße hin gelegen ist.

Wilhelmsthaler Str. 14; Tel. 0 56 73/99 60, www.waldhotel-schaeferberg.de; 98 Zimmer, 6 Appartements

●●● CREDIT

SEHENSWERTES

Schloss Wilhelmsthal

Von Schloss Wilhelmshöhe in Kassel führt die 9 km lange Rasenallee bis zur Residenz Wilhelmsthal in Calden. Ursprünglich als Hofgut angelegt, baute es Landgraf Wilhelm VIII. ab 1743 zu einem repräsentativen Schloss aus. Im Zentrum der dreiflügeligen Anlage steht ein großer Ballsaal, der über eine Freitreppe in einen prächtigen Landschaftsgarten führt. Schloss Wilhelmsthal, ent-

Güldene Putte im Park: Schloss Wilhelmsthal bei Calden.

worfen vom Münchner Hofbaumeister François de Cuvilliés, zählt zu den schönsten Rokoko-Anlagen in Deutschland.
Tel. 05674/6898; 1. März–31. Okt. Di–So 10–16, 1. Nov.–30. Nov. und 1. Jan.–28. Feb. Di–So 10–15, 1. Dez.–31. Dez. Sa, So 10–16 Uhr; Eintritt 3,50 €

Grebenstein → S. 118, A 6

Grebenstein (6200 Einwohner), rund 18 km von Kassel entfernt, wurde 1324 das Stadtrecht verliehen. Im Stadtkern sind zahlreiche gotische Steinhäuser und pittoreske Fachwerkgebäude aus dem 15. Jh. erhalten.
18 km von Kassel

Sehenswertes

Burg Grebenstein
Hoch über der Stadt thront die Ruine der Burg Grebenstein, deren Anfänge bis ins 13. Jh. zurückgehen. Nach dem Sieg der Landgrafen von Hessen über die Kurmainzer im Jahr 1427 verlor die Burg wie die Stadt an Bedeutung. Die Zerstörung Grebensteins im Dreißigjährigen Krieg hatte überdies zur Folge, dass die Bewohner die Ruine als Steinbruch nutzten, um ihre marode Stadt wieder aufzubauen.

Eine Stahltreppe führt auf das obere Mauerwerk des Herrenhauses und gibt einen wunderbaren Blick auf Grebenstein und die Umgebung frei.
Zum Burgberg (am Ortsausgang)

Essen und Trinken

Da Capo
In der Alten Renterei, um 1700 von Paul du Ry erbaut, bietet das Da Capo italienische Spezialitäten an. Das historische Gemäuer bildet einen reizvollen Kontrast zum modern gestalteten Restaurant.

Pizza gibt es zu unschlagbar günstigen Preisen.
Obere Hofstr. 15; Tel. 05674/921211; Do–Di ab 17.30, So 11.30–14.30, ab 17.30 Uhr ●●

Hofgeismar → S. 118, A 6

17000 Einwohner

Archäologische Funde belegen, dass der Ort schon vor etwa 7000 Jahren besiedelt war. Hofgeismar selbst, reizvoll inmitten des »Märchenlandes Reinhardswald« gelegen, bezeichnet sich gleichwohl als »ewig jung«. Mit seinem intakten mittelalterlichen Stadtkern und den sorgfältig restaurierten Gebäuden bietet sich der Ort als Ausgangspunkt für Ausflüge in die Umgebung an.
23 km von Kassel

Sehenswertes

Friedwald
Ein Baum als Grabstein, der Wald als letzte Ruhestätte. Der Friedwald steht für eine neue Form der Bestattung, die bislang einzige dieser Art in Deutschland. Das Procedere ist festgelegt: Zunächst wird mit einem Förster als Berater ein Baum ausgewählt, ein kleines Schild mit dem Namen des Toten am Stamm ersetzt die Grabinschrift.

Wie die Zeremonie im Einzelnen abläuft, ist den Hinterbliebenen überlassen. Die Asche des Verstorbenen gelangt über den Boden in die Wurzeln und bildet so einen neuen natürlichen Kreislauf – »als Sinnbild des Lebens über den Tod hinaus«.
Am Parkplatz Sababurg links, Ende der Straße rechts, bis Parkplatz Friedwald

Gesundbrunnen
Als ein Soldat 1639 in den Wirren des Dreißigjährigen Krieges die Mineralquelle entdeckt, glaubt man Blind-, Taub- und Stummheit damit heilen zu können. An dieser Stelle errichtete der Architekt Simon Louis du Ry 1790 einen kleinen Brunnentempel mit acht ionischen Säulen. Das Quellwasser mag allerdings – mit seinem metallischen Beigeschmack – nicht jedermanns Sache sein.

Obwohl die Evangelische Akademie die ehemalige Badanlage nutzt, ist das Gelände frei zugänglich. Zu ausgedehnten Spaziergängen lädt der Brunnenpark mit seiner Vielfalt an Bäumen und Gehölzen ein, er ist auch ein Rückzugsgebiet für seltene Vogelarten. Den Abschluss bildet ein Teich mit einer Insel.

Evangelische Akademie, Gesundbrunnen 11

Sababurg

Das Dornröschenschloss Sababurg ist einer der Hauptanziehungspunkte der Region. Namensgeberin war Saba, Tochter des Riesen Kruko, der alle drei Töchter mit einem Schloss bedachte. Soweit die Legende. Verbürgt ist hingegen, dass der Erzbischof von Mainz die »Zappenborgck« 1334 zum Schutz der Pilger errichten ließ, die
6 den Weiler Gottsbüren zum Wallfahrtsort erkoren hatten – angeblich war dort der unverweste Leichnam Jesu aufgefunden worden. 1490 zu einem prächtigen Jagdschloss ausgebaut, erlebte die Anlage bis um das Jahr 1800 glanzvolle Jahrhunderte. Danach schien die Burg in einen tiefen, unberührten Schlaf zu verfallen, aus dem sie erst die Familie Koseck in den 1950er Jahren erweckte. Kein Wunder also, dass der Volksmund – kaum hatten die Brüder Grimm 1812 ihre erste Märchensammlung veröffentlicht – die Sababurg als Dornröschenschloss ausmachte.

Heute laden Dornröschen und ihr Prinz in fantasievollen Gewändern zur »Audienz« und erzählen in Versen ihre romantische Liebesgeschichte. Konzerte und Schauspiele im hauseigenen Theater oder der Ruine des Palas runden das kulturelle Angebot ab. Zum Schloss gehören auch ein Hotel und Restaurant, von der Terrasse aus genießt man einen weiten Blick über den Tierpark und den mächtigen Reinhardswald.

Im Reinhardswald; Tel. 05671/8080; www.sababurg.de; 1. Apr.–31. Okt. 10–17 Uhr; Eintritt 2 €; Führung Mi 14.30 Uhr (2,50 €), Gartenführung Apr.–Okt. (jeden 3. Fr im Monat), sowie Juni, Juli jeden Fr 14.30 (2,50 €); Restaurant 11–23 Uhr; 17 Zimmer ●●●● CREDIT

Nach einer der drei Töchter des Riesen Kruko benannt: die Sababurg.

Tierpark Sababurg

Die Zoologische Anlage unterhalb der Sababurg, gegründet 1571, gilt als älteste noch existierende Europas. Auf den Rundwegen unter jahrhundertealten Eichen können vom Aussterben bedrohte, seltene europäische Tiere wie Wolf und Luchs, Wildrind und Falke beobachtet werden. Regelmäßig werden öffentliche Fütterungen und Flugvorführungen der Greifvögel veranstaltet. Kindern bietet der Streichelzoo Tiere zum Anfassen.

Im Reinhardswald;
Tel. 05671/80012251;
www.tierpark-sababurg.de;
März 9–17, Apr.–Sept. 8–19, Okt. 9–18, Nov.–Feb. 10–16 Uhr;
Eintritt Winter 3,50 €, Sommer 4 €

Urwald

Ein Urwald in Hessen? Aber ja! Seit 1907 werden Teile des Reinhardswalds nicht mehr bewirtschaftet: keine Bäume gefällt, kein totes Holz beseitigt, keine neue Saat gelegt. Bereits 1960 notierte Wilhelm Ide im »Kurhessischen Wanderbuch«: »Keine pflegende Hand müht sich dort um den Wuchs der Baumriesen. Und legt sich einer zum Sterben nieder, dann bleibt er an der Stätte seines Werdens und Vergehens liegen, schreckt mit zackigem Geäst wie ein Waldgespenst den Wanderer und sinkt von Jahr zu Jahr tiefer in den Waldboden ein.«

Ein Refugium für Wolf und Luchs, Wildrind und Falken, ein Erlebnis für Kinder – die Zoologische Anlage am Fuße der Sababurg.

Tipp: Tief in das 92 ha große Gebiet hineinlaufen. Aber – das Betreten erfolgt auf eigene Gefahr.
Zwischen Hofgeismar und Sababurg, Bushaltestelle »Urwald«; www.urwald-sababurg.de

Essen und Trinken

Blauer Dragoner
Nicht abschrecken lassen von den drei Supermärkten am Riesenparkplatz auf dem Gelände der ehemaligen Garnison: Auf der begrünten Dachterrasse wartet das beste Restaurant der Stadt, das dem »Michelin« immerhin eine Erwähnung wert war. Küchenchef Ulrich Seidel und Gattin Daniela verwöhnen ihre Gäste mit internationalen Gerichten. Alle sechs Wochen wechselt die Menü-Karte. Übrigens: Der Name »Blauer Dragoner« ist auf die einst berittene Militäreinheit in Hofgeismar zurückzuführen.
Garnisonsgalerie 4; Tel. 0 56 71/92 03 03; www.blauer-dragoner.de; Di–So 11–14, 17.30–23 Uhr ●●●

Service

Auskunft
Tourist-Information
Markt 5, Hofgeismar; Tel. 0 56 71/5 07 04 00, Fax 50 08 39; www.reinhardswald.de; Mo–Fr 9–13, 14–17, Sa 13–17 Uhr

Immenhausen → S. 118, A 7

Das Städtchen Immenhausen (7100 Einwohner) hat sich trotz mehrmaliger Zerstörung im Mittelalter – alleine zwischen 1631 und 1647 brannte die Stadt viermal nieder – mit seinen Fachwerkhäusern und der Stadtmauer einen historisch intakten Kern bewahrt. Internationale Bekanntheit erlangte Immenhausen durch seine Glashütte. Bereits 1898 wurde hier Glasbläserei betrieben. Das Design, das Richard Süßmuth von 1947 an entwarf, reüssierte international: Seine Glasserie mit dem Strahlenschliff avancierte zum Verkaufsschlager, konnte aber die Glashütte nicht retten. 1996 wurde der letzte Ofen still gelegt.
14 km von Kassel

Sehenswertes

St. Georg
Die Wandmalereien der dreischiffigen Kirche aus dem Jahr 1409 erzählen die Leidensgeschichte Jesu. Ein Glasfenster im südlichen Seitenschiff gestaltete 1956 der Glasdesigner Richard Süßmuth neu. Im selben Jahr wurde bei der Räumung des Pfarrhauses eine alte Bibel entdeckt. Die wissenschaftliche Untersuchung

MERIAN-Tipp

3 Zum Hufschmied

Im November 2003 eröffneten der Hufschmied Ralf Wölfel und Ehefrau Andrea Frömming das kleine Ausflugslokal im Stadtteil Mariendorf. Der gegenüberliegende Spielplatz macht das Lokal für Familien besonders attraktiv. Neben den Einheimischen frequentieren Wanderer, Biker und Reiter das Lokal – praktisch, dass Ralf Wölfel bis zu 15 Plätze für Gastpferde bereit hält. Auf der großen Terrasse und in der liebevoll gestalteten Stube im Landhausstil werden kleine, feine Speisen serviert.

Paul-Du-Ry-Str. 4, Mariendorf;
Tel. 05673/996903; Di–Fr 17–23,
Sa, So 12–23 Uhr ●●

→ S. 118, A 6

ergab Jahre später, dass es sich um eine Gutenberg-Bibel handelt. Ein Replikat des heiligen Buches ist in einer Vitrine ausgestellt.

Am Marktplatz; den Kirchenschlüssel hält das Pfarramt bereit, siehe Informationsvitrine vor der Kirche

MUSEUM

Glasmuseum Immenhausen

Neben der ehemaligen Glashütte Süßmuth errichtete die Stadt Immenhausen 1987 das Glasmuseum. Es schildert die traditionsreiche Geschichte der Glasherstellung, die vor fast 6000 Jahren im Nahen Osten begann, ebenso wie die eher kurze Ära der Immenhausener Glashütte. Eigene Abteilung mit moderner Glaskunst; Unikate vieler Glaskünstler.

In der Glashütte Süßmuth können Gläser der 1996 geschlossenen Hütte erworben werden, allerdings nur nach telefonischer Voranmeldung.

**Museum: Am Bahnhof 3;
Tel. 05673/2060; www.immenhausen.de;
Di–Fr 10–17, Sa 13–17, 1. Mai–30. Sept.
So 10–17, 1. Okt.–30. Apr. So 10–17 Uhr;
Eintritt 2,50 €
Glashütte: Am Bahnhof 3;
Tel. 05673/1019; Mo–Fr 9–17, Sa 10–13, So (Mai–Sept.) 10–17, So (Okt.–Apr.) 13–17 Uhr; Eintritt 2 €**

ESSEN UND TRINKEN

Ratskeller

Das imposante Rathaus stammt aus dem Jahr 1662. Im Fachwerkbau lockt der Ratskeller mit gutbürgerlicher Küche zur Einkehr. Im Sommer kann man mit Blick auf die St.-Georg-Kirche draußen speisen.

**Marktplatz 1; Tel. 05673/4442;
www.ratskeller-immenhausen.de;
Do–Di 11–22 Uhr ●●**

Kaufungen

→ S. 118, B/C 8

13400 Einwohner

Wer von Kassel aus das Werra-Meißner-Land erkundet, sollte einen Abstecher nach Kaufungen (B 7) machen, um die herrliche Stiftskirche Zum Heiligen Kreuz mit ihrem romantischen Innenhof zu besichtigen. Das ehemalige Benediktinerkloster in Oberkaufungen diente früher Heinrich II. als Königshof; in diesem Zusammenhang wurde Kaufungen 1011 erstmals erwähnt.

43 km von Eschwege

SEHENSWERTES

Stiftskirche Zum Heiligen Kreuz

An einem Berg gelegen überragt die kreuzförmige Kirche weithin sichtbar den alten Ortskern von Oberkaufungen. Sie geht auf König Heinrich II. zurück, der nach der Eroberung Italiens Benedikt VIII. zum Papst ernannte, um sich – welch' schickliche Fügung – 1014 just von jenem Benedikt im Petersdom von Rom zum Kaiser krönen zu lassen.

Drei Jahre später gründete seine Gemahlin Kunigunde die Benediktinerabtei in Kaufungen. 1025, ein Jahr nach dem Tode Heinrichs, wurde die Stiftskirche geweiht, und Kunigunde trat ins Kloster ein. Dort starb sie

1033 und wurde knapp 200 Jahre später heilig gesprochen. Das Innere der Stiftskirche schmücken Wandmalereien aus dem 15. Jh., sehenswert ist auch die kunstvolle Grabplatte der Äbtissin Anna von der Borch.
Über dem Ortskern von Oberkaufungen; Fr, Sa, So 17–18 Uhr oder Schlüssel bei Pfarrer Bernd Hartmann, Zur schönen Aussicht 6 (um die Ecke), holen.

Trendelburg S. 118, A 5

In vielen Windungen mäandert die Diemel zur Weser und beschreibt einen scharfen Bogen um die Trendelburg, das Wahrzeichen des kleinen Fachwerkstädtchens mit rund 6000 Einwohnern. In der ältesten Urkunde von 1303 taucht schon der Name von Burg und Stadt als »Trindirberg« auf; der Wehrbau ist mit Sicherheit älter. Zwischen 1443 und 1456 wurde die Burg nach einem Großbrand im Wesentlichen zu ihrer heutigen Anlage ausgebaut.

Die schmalen Straßen führen – gesäumt von schönen Fachwerkbauten – steil bergauf und enden schließlich an der Burg: Von einem tiefen Graben und einer Mauer umgeben, ragt der Burgfried 38 m in die Höhe. Wen wundert es da, dass dieser geheimnisvolle Ort mit der Märchenfigur Rapunzel der Brüder Grimm in Verbindung gebracht wird. Und mit etwas Fantasie kann man es raunen hören: »Rapunzel, Rapunzel, lass' dein Haar herunter.«
35 km von Kassel

Kontaktfreudig: Die Schwäne auf der Diemel bändeln gerne mit Kanuten an.

MERIAN-Tipp

4 Nasser Wolkenbruch

Auf dem Weg von Trendelburg nach Gottsbüren weist ein Schild vor dem Ort Friedrichsfeld auf ein geheimnisumwobenes Naturdenkmal hin. Der Sage nach wurde hier die böse Trendela, Tochter des Riesen Kruko, in die Tiefe gesogen. Ein kurzer Waldweg führt steil empor, bis sich ein wasserführender Erdtrichter auftut, nur 150 m breit, aber 60 m tief! Einst hatte das Grundwasser in tiefen Schichten Sulfate und Salzgesteine aufgelöst und so einen instabilen Hohlraum geschaffen, in den darüber liegende Deckenschichten einstürzten.

Der Ort mit dem grünen Wasserloch strahlt eine magische Atmosphäre aus – und wirkt wie eine Oase der Ruhe und Entspannung.

An der Straße zwischen Trendelburg und Friedrichsfeld Richtung Gottsbüren
S. 118. A 5

Hotels/Andere Unterkünfte

Trendelburg
Gobelins an den Wänden, Mooreichenfacetten im Trauzimmer, Ritterrüstungen in der Turmstube – das historische Ambiente versetzt die Gäste in ruhmreiche, vergangene Zeiten.

Im Fenster der Turmstube mit dem Kamin von 1609 kann man beizeiten das Nest eines Turmfalken beobachten. Die Hotelzimmer sind mit echten Antiquitäten oder gut gemachten Replikaten ausgestattet und bilden einen gewollten Kontrast zu den hochmodernen Badezimmern. Geschäftsführer und Küchenchef Oliver Brings kredenzt internationale Küche, die ihre feinen Zutaten jedoch aus der Region bezieht; viele Wild- und Fischgerichte.

Steinweg 1; Tel. 05675/9090; www.burg-hotel-trendelburg.com; 19 Zimmer, 3 Suiten ●●●; Restaurant Mi–Mo 12–14, 18–21, Café 14–18 Uhr ●●● MASTER VISA

Essen und Trinken

Gasthaus Baumann

Seit 1896 existiert das Gasthaus am selben Platz. Eine Spezialität, über 100 Jahre alt, hat die Küche überregional bekannt gemacht: Aal in Gelee. Sogar das Hotel Adlon in Berlin wurde mit den Aspik-Künsten bereits beliefert. Ansonsten gutbürgerliche Küche; Wildspezialitäten.

Karlshafener Str. 2; Tel. 05675/426; www.landgasthof-baumann.de; Di–So 10–14, 17–23 Uhr ●●

Künstlercafé Karl F.

Eine reizvolle Idee setzen der Bildhauer Karl F. Hofeditz und seine Frau Barbara auf ihrem Gehöft in Sielen bei Trendelburg um: Café und Atelier als konzeptionelle Einheit. Die Lokalität ist mit Arbeiten aus Kupfer und Holz des Künstlers geschmückt, das Atelier offen für Begehungen. Künstlergattin Barbara lockt mit täglich frisch gebackenem Kuchen. Reizvoll ist auch die Lage: Mit direktem Blick auf die Diemel, kann man von der Terrasse aus kontaktfreudige Schwäne beim Anbändeln mit Kanuten beobachten. Sie gehören – wie Wanderer, Motorradfahrer und Dorfbewohner – zum Stammpublikum, welches das Café zu einem bunten Treffpunkt macht.

Oberer Weg 23, Sielen; Tel. 05675/725258; www.karlfhofeditz.de; 1. Mai–31. Okt. Fr–So 10–20 Uhr ●●

Einkaufen

Café Amthor

Als 1980 für den Bau der Sparkasse ein Walnussbaum gefällt werden musste, machte Konditormeisterin Martina Simon aus der Not eine Tugend und kreierte Nostalgie zum Naschen: die Trendelburger Nüsse, ein Praliné mit Schokoladenumhüllung aus Zartbitter oder Vollmilch, gefüllt mit Walnusskrokant, Nougat und Grand Marnier. Köstlich!

Zur Burg 6; www.baeckerei-amthor.de

Wolfhagen

→ S. 117, E 3/4

13 300 Einwohner

Wolfhagen wurde im 13. Jh. von Landgraf Ludwig IV. von Thüringen zum Schutz der Siedlungen vor Raubrittern gegründet. Einen Besuch lohnen der schöne historische Altstadtkern mit der Kirche St. Anna sowie das alte Rathaus und die Wache bis hin zum Chattenturm und dem Judenfriedhof.

33 km von Kassel

Hotels/Andere Unterkünfte

Das Alte Rathaus

Von hier aus, direkt hinter der St.-Anna-Kirche gelegen, wurde bis 1967 Wolfhagen regiert. Danach zog in den imposanten Fachwerkbau mit dem Krüppelwalmdach ein Hotel mit Restaurant ein. Auch innen perfekt restauriert, bietet es sehr schöne Zimmer.

Tipp: Wer nicht vom Glockenschlag geweckt werden möchte, sollte kein Zimmer zur Kirchenseite wählen.

Kirchplatz 1; Tel. 05692/99471 00; 12 Zimmer ●●

Sehenswertes

Weidelsburg

Im 13. Jh. erbaut, im 16. Jh. bereits verfallen – dennoch ist die Weidelsburg nach ersten Restaurierungsarbeiten in den 30er Jahren gut erhalten. Sie ist die größte Ruine Nordhessens. Das östliche Herrenhaus auf dem Weidelsberg liegt fast 500 m über dem Meeresspiegel und bietet einen prächtigen Blick auf den Habichtswald mit seinen charakteristischen Basaltkuppen.

Ippinghausen, Fußmarsch, ca. 1 km vom Parkplatz aus

Das Waldecker Land

Kuridylle, Seen und Skipisten: Das Waldecker Land ist im Sommer genauso reizvoll wie im Winter.

Gute Erholung in Bad Wildungen: Im 1904 erbauten Fürstenhof, Zeuge der glanzvollen Jugendstil-Ära, ist heute eine Klinik für Herz- und Kreislaufpatienten untergebracht.

Das Waldecker Land ist eines der beliebtesten Urlaubsziele in Hessen. Mit Edersee, Diemelsee und Twistesee bietet die Region drei ideale Gewässer zum Schwimmen, Surfen und Segeln. Der 57 qkm große Nationalpark im Naturpark Kellerwald-Edersee wiederum lädt zum Wandern und das Schneeparadies Willingen zum Langlaufen ein. Wer es lieber städtisch mag, kann in Bad Arolsen, Korbach oder Bad Wildungen shoppen, schauen und flanieren.

Korbach

25 000 Einwohner S. 116, C 4

Korbach ist als Kreisstadt der politische Mittelpunkt des Landkreises Waldeck-Frankenberg und darf sich rühmen, wenn nicht den schönsten, so zumindest den größten Fachwerkkomplex Nordhessens sein Eigen zu nennen. Doch anscheinend hat der Ort erst spät die Vorzüge eines intakten historischen Stadtkerns erkannt: Das Alte Rathaus von 1377, laut Prospekt die Sehenswürdigkeit schlechthin, enttäuscht. Die 1970 erfolgte Erweiterung wirkt ernüchternd, ein ausdrucksloser Betonbau, brachial mit dem Fachwerkhaus »verschweißt«, ohne Sinn für die ursprüngliche Architektur. Schade drum! Doch die kleinen Gassen, die mit Geranien geschmückten Fachwerkhäuser und das quirlige Leben in den Straßen versöhnen mit der Stadt.

Hotels/Andere Unterkünfte

Hotel Goldflair am Rathaus S. 116, C 4

Eigentümer Urs Zabel übertrug den Slogan der Stadt – »Korbach goldrichtig« – auf sein Hotelkonzept: Die Zimmer heißen »Gold des Ostens«, »Afrika-Gold« oder »James Bond – Goldfinger« und wirken – bis auf die fehlenden Bondgirls – durchaus authentisch, sie sind allerdings auch etwas teurer als die Standardzimmer. In einem Teilbereich des Restaurants und im Schankraum glänzt es allerdings nur mäßig: Die einheimischen Gäste bevorzugen offenbar ein gutbürgerliches Ambiente.

Stechbahn 8; Tel. 0 56 31/5 00 90;
www.hotel-am-rathaus.de;
39 Zimmer; 2 Suiten ●●
AmEx MASTER VISA

Sehenswertes

Burg Eisenberg S. 116, C 4

In Goldhausen, südwestlich der Stadt, liegt der Eisenberg, den der römische Geschichtsschreiber Tacitus schon im 1. Jh. als »Hüter« einer Goldader erwähnte. Auch heute noch munkelt man, im geheimnisumwitterten Korbacher Hausberg wäre noch mehr als eine Tonne Gold zu gewinnen. Klingt viel versprechend! Doch seit dem 11. Jh. konnten insgesamt nur 1,2 t reines Gold dem Gestein entlockt werden. Da mag so recht keine Goldgräberstimmung mehr aufkommen.

Was sich ganz sicher lohnt, ist ein Blick vom Georg-Viktor-Turm auf dem 562 m hohen Eisenberg ins Sauerland und zum Habichts- und Kellerwald.

Goldhausen;
Tel. 0 56 31/5 32 32 (Tourist Information);
www.goldspur-eisenberg.de;
15. Apr.–15. Okt. 9–18 Uhr

Eisenberg? Berühmt wurde der Korbacher Hausberg durch seine Goldadern.

Korbacher Spalte → S. 116, C 4
Die weltberühmte »Korbacher Spalte«, eine etwa 20 m tiefe und 1 km lange Gesteinskluft, wurde bereits 1964 entdeckt. Doch ihre außerordentliche Bedeutung für die Wissenschaft gewann sie erst in den 80er Jahren, als neue Bestimmungsmethoden ergaben, dass hier der »Procynosuchus« gelebt hat, ein dackelähnlicher Allesfresser, der als ältester bekannter Vorfahre aller Säugetiere gilt.
Frankenberger Landstr.;
Tel. 0 56 31/5 32 32 (Tourist Information);
www.korbacher-spalte.de;
Führungen 1. Mai–31. Okt. 10.15,
So 11.15 Uhr

Moderne Architektur und alte Bausubstanz: Wolfgang-Bonhage-Museum in Korbach.

MUSEUM

Wolfgang-Bonhage-Museum Korbach → S. 116, C 4
Wie moderne Architektur und alte Bausubstanz harmonieren können, zeigt dieses mehrfach preisgekrönte Museum, das durch ein Glasdach wie verschmolzen mit einem alten Steinhaus und Fachwerkbauten des 18. und 19. Jh. scheint. Auf 1700 qm dokumentiert die Ausstellung einerseits die Geschichte der Stadt und zeigt andererseits 250 Mio. Jahre alte Fossilien, die in der Korbacher Spalte gefunden wurden. Eine Multimedia-Präsentation lässt die Saurier der Urwelt täuschend echt erscheinen.
Kirchplatz 2; Tel. 0 56 31/5 32 89;
www.museum-korbach.de;
Di–So 11–16.30 Uhr; Eintritt 2 €

ESSEN UND TRINKEN

Pfeffermühle Korbach → S. 116, C 4
Zwischen Nikolaikirche und Rathaus liegt die Pfeffermühle, die sich bemerkenswerterweise auch »deutsches Restaurant« nennt. Die Wände sind in Terrakotta-Farben gehalten, der Boden mit Teppichen und Läufern ausgelegt – klingt unharmonisch, ist es aber nicht: gemütliche Atmosphäre. Die Speisekarte ist ebenfalls beeindruckend. Wie wäre es mit »Goldbrasse in Butter gebraten an Petersilienkartoffeln« – oder doch lieber »Knusprig gebratene Brust und Keule von der Flugente mit Kroketten«?
Obermarkt 4; Tel. 0 56 31/6 67 99;
www.pfeffermuehle-korbach.de;
Di–So 11.30–14.30, 18–24 Uhr ●●

SERVICE

Auskunft

Tourist Information → S. 116, C 4
Stechbahn 1; Korbach;
Tel. 0 56 31/5 32 32, Fax 5 33 20;
www.korbach.de; Mo–Mi 8.30–12.30,
14–17, Do 8.30–12.30, 14–18,
Fr 8.30–12.30, 14–15, Sa 10–12 Uhr

Ziele in der Umgebung

Bad Arolsen → S. 117, D 3

18 300 Einwohner

»Die Größe allein ist nicht entscheidend«, mögen jene denken, die Bad Arolsen als »Versailles Hessens« bezeichnen. Denn in Grundriss und Farbgebung ähnelt das Residenzschloss durchaus dem Vorbild bei Paris. Die Fürsten zu Waldeck und Pyrmont wollten mit dieser Anlage aus dem 18. Jh. den Ruhm des Hauses sichtbar werden lassen – sie ahnten nicht, dass das Schloss aus Geldman-

gel erst knapp 100 Jahre später fertig werden sollte. Zu diesem Zeitpunkt war Arolsen – das »Bad« kam erst 1997 hinzu – Hauptstadt des Fürstentums, nach der Revolution 1918 gar Hauptstadt des Freistaates Waldeck, bis sich das Land 1929 in die Obhut Preußens begab.
19 km von Korbach

Hotels/Andere Unterkünfte

Welcome Hotel Residenzschloss Bad Arolsen
Das beste Hotel residiert an privilegierter Stelle: Der große Vier-Sterne-Komplex liegt neben dem ehemaligen Fürstensitz. Das frühere Gärtnerhaus des Schlosses mit seinen historischen Holzbalken und Dachschrägen dient heute als modernes Gästehaus. Der Neubau bietet Komfort-Zimmer, Appartements und einen Wellnessbereich mit Schwimmbad, Sauna, Whirlpool und Beauty-Farm.
Königin-Emma-Str. 10; Tel. 0 56 91/80 80; www.welcome-to-badarolsen.de; 120 Zimmer; 28 Appartements
●●● CREDIT

Hotel Luisen-Mühle
Die Getreidemühle von 1904 ist seit Ende der 60er Jahre ein Hotelbetrieb. Seitdem erweitert und modernisiert Familie Stürmer das Gasthaus an dem kleinen Teich kontinuierlich. Schöne Lage etwas abseits vom Arolser Stadtteil Mengeringhausen. Gutbürgerliche Küche mit kulinarischen Höhepunkten wie »Gedünstetes Steinbeißerfilet in Weißwein-Wurzelsud«. Die Galloway-Rinder stammen übrigens aus eigener Züchtung.
Luisenmühler Weg 1, Mengeringhausen; Tel. 0 56 91/30 21; www.luisen-muehle.de; 25 Zimmer ●● MASTER VISA

MERIAN-Tipp

5 Landau

Nahe Bad Arolsen liegt, auf einem kleinen Berg und nur über zwei Straßen von Osten erreichbar, die topografisch bemerkenswerte Ortschaft Landau: Die Lage verleiht der Stadt etwas Inselartiges und gleichsam Romantisches. Durch die Stadttore gelangt man in den mittelalterlichen Kern mit der evangelischen Kirche. Die Häuser schmiegen sich eng aneinander. Und glücklicherweise hat kein Verkehrsplaner dem Ort im Nachhinein eine autogerechte Struktur verpasst, dafür legten Restauratoren behutsam Hand an.

3 km südöstl. von Bad Arolsen; www.bergstadt-landau.de → S. 117, D 3

Sehenswertes

Residenzschloss Arolsen
1720 bezog Fürst Friedrich Anton Ulrich zu Waldeck und Pyrmont nebst Gemahlin das Schloss, obwohl es noch gar nicht fertig gestellt war. Es sollte aus pekuniären Gründen noch fast 90 Jahre dauern, bis die Pläne des Architekten Julius Ludwig Rothweil zur Vollendung kamen. Sehens-

Wie das Vorbild in Versailles sollte das Residenzschloss Bad Arolsen vor allem eines sein – repräsentativ. Adel verpflichtet eben.

wert ist die prunkvolle Innenausstattung, beispielsweise das Alhambra-Zimmer, das mitsamt Inventar im maurischen Stil gestaltet wurde. Die Besichtigung der Schlossräume ist nur mit Führung möglich – bis auf eine Ausstellung historischer Waffen, darunter die so genannte Türkenbeute aus den Kriegen gegen das Osmanische Reich.

Schlossstr. 27; Tel. 0 56 91/89 55 26; www.schloss-arolsen.de; 1.–30. Apr. 10–15, 1. Mai–30. Sept. 10–16.15, 1.–31. Okt. 10–15 Uhr; Eintritt 3,50 € (Waffenausstellung 2,50 €)

Malerisches Motiv in bezaubernder Landschaft: Schloss Bad Arolsen.

Museen

Christian Daniel Rauch Museum

Arolsens berühmteste Bürger sind der Maler Wilhelm von Kaulbach (1804–74) und Christian Daniel Rauch (1777–1857), einer der bedeutendsten Künstler des deutschen Klassizismus. Der Bildhauer schuf das Reiterdenkmal Friedrich des Großen in Berlin Unter den Linden sowie das Max-Joseph-Denkmal in München. Gleich drei Häuser widmen sich seinem Leben und Werk. Im Geburtshaus des Künstlers, der Sohn eines Fürstenlakaien war, wird sein Lebenslauf nachgezeichnet. Seine Werke hingegen sind im Christian Daniel Rauch Museum ausgestellt, das sich neben anderen im Fürstlichen Marstall in der Schlossstraße befindet. Das Museum Bad Arolsen wiederum, erbaut im frühklassizistischen »Schreiberschen Haus« und mehr als hundert Jahre im Besitz der Familie des Finanzrats Schreiber, präsentiert (außer einer Rauchschen Skulpturensammlung) Gemälde von Wilhelm von Kaulbach und informiert über die Entwicklung der Stadt.

Christian Daniel Rauch Geburtshaus, Rauchstr. 6; Tel. 0 56 91/62 57 34; www.museum-bad-arolsen.de; 1. Apr.–31. Okt. Mi. Sa, So 14.30–17 Uhr; Eintritt 1 €

Christian Daniel Rauch Museum, Schlossstr. 30; Tel. 0 56 91/62 57 34; www.museum-bad-arolsen.de; Mi–Sa 14–17, So 11–17 Uhr; Eintritt 3 €

Schreiberscches Haus, Schlossstr. 24; Tel. 0 56 91/62 57 34; www.museum-bad-arolsen.de; 1. Apr.–31. Okt. Mi. Sa, So 14.30–17 Uhr; Eintritt 2 €

Kaulbachhaus

In diesem Haus wohnte und arbeitete die Familie des Johann Wilhelm Kaulbach, seines Zeichens Kunstschreiner der Waldecker Fürsten im 18. Jh. Hier wurde der berühmte Historienmaler Wilhelm von Kaulbach (1804–1874) geboren, der spätere Hofmaler des bayerischen Königs Ludwig I.

Gemälde und Grafiken der Künstlerfamilie zieren die Museumswände; Möbel, eine Schreinerwerkstatt und eine Dokumentation über das Material Holz ergänzen die Ausstellung.

Kaulbachstr. 3; Tel. 0 56 91/62 57 34; www.museum-bad-arolsen.de; 1. Apr.–31. Okt. Mi, Sa, So 14.30–17 Uhr; Eintritt 1 €

Essen und Trinken

Domanium

Modern und stilvoll eingerichtetes Restaurant in einem Barockgebäude aus dem 18. Jh. 80 verschiedene Weine und eine viel versprechende Speisekarte: »Hausgebeizter Lachs«, »Filet vom Viktoriabarsch« oder »Damhirschrücken auf Cassisjus«; jedes Gericht wird auch als kleine Portion offeriert. Ebenso verführerisch die Aussicht: Vom verglasten Anbau aus blickt man direkt aufs prächtige Schloss.

Schlossstr. 25; Tel. 05691/50504; www.domanium.info; Mo–Sa 11–24, So 9–24 Uhr ●●

Zum Hofbrauhaus

Das Arolser Bier bekommt man zwar im gesamten Landkreis, im Frühstückszimmer dieser gutbürgerlichen Gaststätte sitzt man jedoch an der Quelle – über dem Sudhaus. Hessens älteste Brauerei wurde 1131 von den Nonnen des Klosters Aroldessen gegründet. Spezialität ist das Alt-Waldecker Dunkel, »Awadu« genannt. Das Familienunternehmen (seit 1891) bietet im Brauhaus-Hotel auch 13 Zimmer (●●) für Feriengäste an.

Kaulbachstr. 33; Tel. 05691/89860; www.brauhaus-hotel.de; Mo 16.30–23, Di–Fr 11.30–14.30, 16.30–23, Sa, So 11–23 Uhr ●●

Sport und Freizeit

Twistesee

Der Twistesee verbindet das Nützliche mit dem Angenehmen: Ende der 70er Jahre als Schutz gegen Hochwasser erbaut, wurde er zugleich als Erholungsgebiet ausgewiesen. Zahlreiche Sportmöglichkeiten, Geräteverleih für Wasserski, kleine Segelboote und Surfbretter. Golfen kann man auf dem angrenzenden Platz, Wanderweg um den See (7 km), und und und ... Die Liegefläche des Strandbades ist mit Sand aufgeschüttet.

Bei Wetterburg; Tel. 05691/3531 (Strandbad) oder 89440 (Gäste- und Gesundheitszentrum)

Service

Auskunft

Gäste- und Gesundheitszentrum; Rauchstr. 2, Bad Arolsen; Tel. 05691/89440; Fax 5121; www.bad-arolsen.de; Mo–Fr 9–17, Ostern bis Herbstferien zusätzlich Sa 10–13 Uhr

Bad Wildungen S. 121, E 9

18500 Einwohner

Promenaden, Parks und Pensionen: Bad Wildungen ist eine Kurstadt wie aus dem Bilderbuch. Seit Ende der 90er Jahre rühmt sich der Ort des größten Kurparks in Europa. Damals wurde eine »grüne Brücke« durch den Stadtwald gelegt, um so die beiden Parks von Bad Wildungen und Reinhardshausen miteinander zu verbinden; fast 6 km Wander- und Spazierwege und drei Teiche gehören dazu. Am Wildunger Teil des Kurparks beginnt die Brunnenallee, eine Promenade, die schnurstracks bis in die Altstadt führt – vorbei am prächtigen »Fürstenhof«, einem Jugendstilkomplex von 1904, der von jener Zeit zeugt, als Bad Wildungen mondäner Treff der Prominenten war. Um den Marktplatz gruppieren sich die Sträßchen beinahe kreisförmig und verleihen dem historischen Kern Behaglichkeit. Übrigens: Bad Wildungen ist eine lebhafte Stadt, in der immer etwas los zu sein scheint. Umso verwunderlicher jedoch, dass viele Geschäfte nur bis 17 Uhr geöffnet haben.

34 km von Korbach

Hotels/Andere Unterkünfte

Hotel Schwanenteich

Der Reinhardshausen GmbH gehört unter anderem das Kurzentrum sowie zwölf Kliniken – und das Hotel Schwanenteich. Letzteres hat daher auch eine direkte Anbindung an das mit Heilwasser gespeiste Thermalbad Venusfelsen und die therapeutischen Kurprogramme. Der Hotelier bietet

darüber hinaus eine Reihe von Wellnesspaketen und therapeutischen Behandlungen an. Sauna, Solarium, Beauty-Salon im Haus.
Hauptstr. 4; Tel. 0 56 21/78 60; www.hotel-schwanenteich.com; 45 Zimmer, 6 Appartements
●●● CREDIT

Maritim Badehotel

Mitten im Kurpark liegt das Maritim Badehotel. Der älteste Teil des mehrfach erweiterten Hauses stammt von 1856 und ist im klassizistischen Stil gehalten. Dementsprechend feudal sind Lobby und Restaurant ausgestattet. Fitnessraum, Sauna, Solarium, wunderschönes Schwimmbad und Beautyfarm im Haus. Tennisplätze und Minigolfanlage um die Ecke.
Dr.-Marc-Str. 4; Tel. 0 56 21/79 99; www.maritim.de; 245 Zimmer, 15 Suiten
●●● CREDIT

Beherbergt eine Waffensammlung aus dem 17. Jahrhundert: Schloss Friedrichstein.

Hotel-Pension Goldbach

Es müssen nicht immer die großen Hotels sein: In der Villa von Jutta Goldbach, erbaut um 1900, lässt sich zentral an der Kurpromenade klein, aber fein und preiswert wohnen.
Brunnenallee 18; Tel. 0 56 21/7 89 30; www.bad-wildungen.de/hotels/goldbach/index.htm; 13 Zimmer, 4 Appartements ●● VISA

Sehenswertes

Evangelische Stadtkirche

Die dreischiffige Hallenkirche aus dem 14. Jh. wurde am höchsten Punkt der Altstadt errichtet. Kulturhistorisch bedeutend ist das farbenfrohe Altarbild von Conrad von Soest (1403) mit Szenen aus dem Leben Jesu. Kurios dabei: Hier wird – erstmals in der europäischen Kunst nördlich der Alpen – ein Mensch mit einer Brille gezeigt.
Kirchplatz

Schloss Friedrichstein

Über der Stadt, auf einem 300 m hohen Berg, liegt eine Burganlage, die im Dreißigjährigen Krieg stark zerstört wurde. Nach Abschluss der Restaurierung durch das Land Hessen 1980 richtete man hier eine militär- und jagdgeschichtliche Sammlung ein, die Waffen und Rüstungen aus dem 17. Jh. zeigt, außerdem die so genannte Türkenbeute, die hessische Truppen in der Schlacht von Belgrad eroberten (1717).
Ende Schlossstr., mit Café: Tel. 0 56 21/55 39; www.schloss-friedrichstein.de; Mi–So 14–17 Uhr
Museum: Tel. 0 56 21/65 77; www.museum-kassel.de; 1. März–31. Okt. Di–So 10–13, 14–17 (1. Nov.–28. Feb. 14–16 Uhr); Eintritt 2,50 €

Museum

Kurmuseum

In diesem Gebäude von 1863 wird die Geschichte der Badestadt im Besonderen und der Kurkultur im All-

gemeinen dokumentiert. Übrigens: Schräg gegenüber befindet sich der Kurschatten-Brunnen. Die leicht überzeichneten, wolllüstigen Skulpturen – darunter eine Dame mit geschürzten Lippen und üppigen Hüften – legen nahe, dass die Künstler Karin Bohrmann und Georg Roth dem Thema eher heiter-ironisch begegneten.
Brunnenallee 1; Tel. 05621/72942; tgl. 14–17 Uhr; Eintritt 1 €

Essen und Trinken

Hotel Allee Schlösschen
Auf der Sonnenterasse des Hotels lässt es sich vorzüglich speisen und dabei wunderbar die Flaneure beobachten. Wer drinnen tafelt, wird die behagliche und wohnliche Ausstattung zu schätzen wissen.
Brunnenallee 11; Tel. 05621/79800; www.hotel-alleeschloesschen.de; tgl. 11.30–14, 18–24 Uhr ●● CREDIT

Restaurant Cording
Urig eingerichtetes Restaurant mit bequemen Polsterstühlen, antiquiertem Mobiliar und Wagenrädern an den Wänden. Spezialität: »Gebratenes Putensteak mit Ananas, Bananen, Tomate und Mandarinen in Currysahnesoße«.
Brunnenallee 12; Tel. 05621/2323; www.restaurant-cording.de; Di–So 12–14, 17.30–24 Uhr ●● CREDIT

Einkaufen

Dülfershof mit Jausenstation
Hier ist alles – soweit möglich – schonend zubereitet und kommt aus dem eigenen Hause: der milde oder edle Dülfershofer Käse, das Brot selbst gebacken, die Wurst aus eigener Schlachtung. Alle Produkte können in der hofeigenen Jausenstation südwestlich von Bad Wildungen gekauft und auch gleich verzehrt werden.
Dülfershof 26 an der B 253 zwischen Löhlbach und Hundsdorf; Tel. 06455/292; www.bauernhofkaese.de; Käseverkauf Mi 14–18; Jausenstube Fr 14–18, Sa, So 10–18 Uhr

Service

Auskunft
Kur- und Touristik Service, Brunnenallee 32-34; Bad Wildungen; Tel. 0800/7910100, Fax 05621/9655920; Mo–Fr 8.30–16.30, Sa 9–12 Uhr

Battenberg ⇢ S. 120, A 10

Wer sich in blaublütigen Gesellschaftskreisen auskennt, weiß, dass das englische Königshaus eng mit dem deutschen Adel verknüpft ist und sich erst 1917 von »Sachsen-Coburg und Gotha« in »Windsor« umbenannte. Queen Elizabeth ward 1947 mit Prinz Philip Mountbatten verehelicht: Der Familienname – frei ins Deutsche übertragen – ist nur unschwer als die englische Variante von »Battenberg« zu erkennen. Die Stadt (5800 Einwohner), rund 15 km westlich von Frankenberg gelegen, ist stolz auf die Verbindung zum englischen Königshaus, auch wenn sie keiner Blutsverwandtschaft entspringt.

Denn das Geschlecht der Battenberger starb bereits im 14. Jh. aus. 500 Jahre später hielt Alexander, Sohn des hessischen Großherzogs Ludwig II., um die Hand eines nichtadeligen Mädchens an: Eine morganatische Ehe drohte, die in hochherrschaftlichen Kreisen vielerlei Diskussionen auslöste. Nichtsdestotrotz ernannte Ludwig die Braut zur »Gräfin von Battenberg« – ein Titel, der »frei« war; Proteste der untergegangenen Dynastie musste er also nicht befürchten.
43 km von Korbach

Museum

Stadtmuseum
Das Stadtmuseum im »Alten Rathaus« widmet sich neben Bergbau und Jagd in einer Multivisionsshow vor allem der Beziehung der Stadt zum englischen Königshaus und dem jahrhundertealten Geschlecht der Mountbattens.
Marktplatz 1; Tel. 06452/3877; Mi, Sa 14–17 Uhr; Eintritt 1 €

Frankenberg → S. 120, C 10

19 000 Einwohner

Karl Martell, oberster Beamter des fränkischen Königshofes, ließ im 8. Jh. starke Befestigungsanlagen auf einem Berg in Hessen errichten, um

Kleinod spätgotischer Baukunst: das zehntürmige Rathaus in Frankenberg.

sich im Kampf gegen die Sachsen einen strategisch günstigen Ausgangspunkt zu verschaffen. Heute erinnert nur noch der Stadtname an das einst so bedeutsame Bollwerk: Frankenberg! Nach einem halben Jahrtausend des Stillschweigens tauchte der Ort erst im 13. Jh. wieder in den Dokumenten der Geschichtsschreiber auf.

Die Altstadt, entstanden im 16. Jh. nach einem großen Brand, dem nur das »Steinhaus« am Pferdemarkt nicht zum Opfer fiel, ist heute das touristische Herz Frankenbergs. Dort, am Fuße des Burgbergs, hat sich, zwischen Unter- und Obermarkt, eine romantische Fachwerkidylle erhalten mit vorbildlich restaurierten Häusern und alten Kopfsteinpflastergassen.

30 km von Korbach

Hotels/Andere Unterkünfte

Hotel-Restaurant Sonne

Mitten in der Altstadt gelegen, gilt »die Sonne« als das beste Hotel der Stadt. Modern eingerichtete Zimmer, teilweise mit Klimaanlage. Empfehlenswert ist das gemütlich-ländlich gestaltete Restaurant. Die Speisekarte macht Appetit auf »Kalbstafelspitz in Rotwein geschmort, mit Gnocchi und Gemüsebouquet«.

Marktplatz 2–4; Tel. 0 64 51/75 00; www.sonne-frankenberg.de; 42 Zimmer, 3 Suiten ●● DINERS MASTER VISA

Sehenswertes

Kloster Haina

Das Kloster des ehemaligen Zisterzienser-Ordens mit dem hohen Mittelschiff stammt aus dem 12. Jh. und zählt zu den besterhaltenen in Hessen. Nach der Reformation löste Landgraf Philipp das Kloster auf und gründete ein Hospital für kranke und mittellose Männer. Falls die Kirche verschlossen sein sollte, hält der Pförtner im Häuschen nebenan einen Schlüssel bereit. Übrigens: Unmittelbar neben der Klostermauer steht ein Fachwerkhaus, in dem der Maler Johann Heinrich Wilhelm Tischbein geboren wurde, der 1787 das berühmte Porträt »Goethe in der römischen Campagna« anfertigte. Heute ist das Haus ein Museum, das

Kloster Haina: Nach der Reformation entstand auf dem Gelände ein Hospital.

sich mit der Geschichte dieser Familie beschäftigt, die viele Künstler hervorgebracht hat.

Auf dem Gelände des Klosters Haina, beim Psychiatrischen Krankenhaus, wurde 1992 das erste Museum für Psychiatrie eröffnet. Zu sehen sind unter anderem Behandlungsmethoden, die – aus heutiger Sicht – mehr Folter als Heilung versprachen, wie die so genannten Zwangssessel, in denen »Geisteskranke« oft tagelang festgehalten wurden.

10 km östlich von Frankenberg; Landgraf-Philipp-Platz; Tel. 06456/910; 1. Apr.–31. Okt. Di–So 11–17 Uhr
Klinik für forensische Psychiatrie, Landgraf-Philipp-Platz; Tel. 06456/910; 1. Apr.–31. Okt. Di, Sa, So 9–17, 1. Nov.–31. März Di sowie jeden 1. Sa im Monat 9–16 Uhr; Eintritt 1 €

Rathaus

Das Frankenberger Rathaus mit seinen zehn Türmen, 1509 bis 1513 im spätgotischen Stil erbaut, gehört zu den bekanntesten Fachwerkbauten Deutschlands. Originelle Holzfiguren von Philipp Soldan – jeweils in Zweiergruppen, wobei eine die andere Figur Huckepack nimmt – schmücken die Eingangstore des einstigen Bürgerhauses. Ein Paar unter ihnen zeigt einen Narren mit einem Dudelsack, der es sich auf dem Rücken seines Gesellen bequem gemacht hat. Man gewinnt den amüsanten Eindruck, der Künstler habe den Sinnspruch »dem sitzt der Schalk im Nacken« sehr wörtlich genommen. In der Halle im Erdgeschoss findet jeden Samstag ein Wochenmarkt statt.

Marktplatz, Eingang Obermarkt; Glockenspiel tgl. 11.45 und 15.45 Uhr

Museum

Museum Thonet

Der Tischler Michael Thonet erfand 1830 ein Verfahren, Holz mit Hilfe von Dampf zu biegen und legte so den Grundstein für ein Unternehmen, das Generationen später zu Weltruhm gelangen sollte. Seit 1891 ist Frankenberg der Hauptsitz des Möbelherstellers. Die Thonets entwickelten Klassiker wie den »Wiener Kaffeehausstuhl« oder den ersten Schaukelstuhl aus gebogenem Holz, das »Schaukel-Fauteuil Nr. 1«. Das Museum dokumentiert auf zwei Etagen und 700 qm die Thonet-Geschichte der Sitzkultur mit Möbelstücken aus fast zwei Jahrhunderten, darunter Designermodelle von Sir Norman Foster und Mies van der Rohe.

Michael-Thonet-Str. 1 (Richtung Marburg); Tel. 06451/5080; www.thonet.de; Mo 10–12, 14–17, Mi, Fr 14–17 Uhr

»Ich pfeif dir eins ...«: originelle Holzskulptur am Rathaus in Frankenberg.

Essen und Trinken

Hotel Rats-Schänke

Neben dem Rathaus befindet sich die Rats-Schänke, ein gutbürgerliches Hotel, das seit mehr als 100 Jahren in Familienhand ist. Eigentümer und Küchenchef Peter Neuschäfer empfiehlt »Filetspitzen in Apfelsoße«. Alle Gerichte gibt es auch in kleinen und günstigen Portionen. Neben dem Restaurantbetrieb bietet das Haus 39 Zimmer und drei Suiten (●●) für Übernachtungsgäste an.

Marktplatz 7; Tel. 06451/72660; www.rats-schaenke.de; Fr–Mi 11–24 Uhr
●●

SERVICE

Auskunft

Ederbergland Touristik, Untermarkt 12, Frankenberg/Eder; Tel. 06451/717672; Fax 717674; www.frankenberg.de; 1. Mai–14. Okt. Mo–Fr 11–17, Sa 10–13; 15. Okt.–30. Apr. Mo–Fr 10–13 Uhr

Waldeck und der Edersee

S. 121, D 9

27 km lang und zwischen 175 und 1000 m breit windet sich der Edersee durch das Waldecker Land. Die Talsperre hat sich samt Kraftwerk und Tourismus zu einem großen wirtschaftlichen Faktor für Waldeck und die angrenzenden Gemeinden (8000 Einwohner) entwickelt. Bereits beim Bau der Staumauer (1908–14) verzeichnete die Nachbarstadt Bad Wildungen einen sprunghaften Anstieg an Übernachtungen. Die meisten Besucher hat jedoch vermutlich der »Jahrhundertsommer« 2003 angelockt, als der See aufgrund der großen Hitze nur wenig Wasser trug und die Überreste der versunkenen Dörfer Bringhausen, Asel und Berich zum Vorschein kamen, deren Bewohner dem Stausee weichen mussten.

21 km von Korbach

HOTELS/ANDERE UNTERKÜNFTE

Hotel Schloss Waldeck

Majestätisch erhebt sich Schloss Waldeck über das Ederland. In der topmodern restaurierten früheren Monarchenresidenz lässt sich königlich wohnen und im dazugehörigen Restaurant »Alte Turmuhr« auch fürstlich speisen – standesgemäß beleuchtet mit Kerzenständern aus massivem Silber. Der Küchenchef empfiehlt »Lammrücken auf Parmesankartoffeln«.

Tel. 05623/5890; www.schloss-waldeck.de; 36 Zimmer, 4 Suiten ●●●● CREDIT

Flair-Hotel Werbetal

Die Familie von Christian Gerlach ist seit 1886 in der Gastronomie tätig. Ihr modernes Hotel liegt unmittelbar an zwei Vorstaubecken des Edersees. Gutbürgerliches Ambiente; manche Zimmer mit Balkon. Das Restaurant preist Fischspezialitäten aus dem Edersee und Rindfleisch aus eigener Zucht an.

Uferstr. 28, Niederwerbe; Tel. 05634/97960; www.hotel-werbetal.de; 25 Zimmer ●● CREDIT

Kur- und Sporthotel Freund

Knapp 10 km vom Edersee entfernt hat sich dieses Quartier einen guten Namen als Erlebnishotel gemacht: tägliches Programm für Kinder, eigener Reiterhof, Beautyfarm und wunderschöne Therme; Mountainbikeverleih, Tennisplatz und vieles mehr. Die Zimmer haben Standardkomfort.

Sauerlandstr. 6, Vöhl-Oberorke; Tel. 06454/7090; www.hotelfreund.de; 100 Zimmer; 11 Appartements; 7 Ferienwohnungen ●● CREDIT

SEHENSWERTES

Schloss Waldeck

200 m über dem Edersee thront der ehemalige Stammsitz der Grafen von Waldeck, die sich nach diesem benannt hatten. Einen Besuch der Anlage sollte man sich nicht entgehen lassen: Von der Aussichtsplattform eröffnet sich ein grandioser Blick auf die Seen und das Waldecker Land. Das Burgmuseum befasst sich mit jener finsteren Zeit, in der das Schloss als Verwahranstalt genutzt wurde: So wurde beispielsweise eine Zelle nachgebaut und ein »Prügelbock« ausgestellt.

Tel. 05623/5890; Ostern–31. Okt. 10–18 Uhr

ESSEN UND TRINKEN

Restaurant Fischerhütte

Vom verglasten, runden Anbau der »Fischerhütte« blickt man direkt auf den Edersee und kann dabei vor-

züglich die regionale, aber auch die spanische Küche genießen. Empfehlenswert sind die Fischgerichte – nicht nur, weil Zander, Hecht und Barsch aus dem Edersee stammen, sondern auch weil Küchenchef Nico Schley bereits auf Sylt bewiesen hat, dass er die Fänge aus See und Meer schmackhaft zubereiten kann. Seine Herkunft mag übrigens auch die Strandkörbe auf der Gartenterrasse erklären.
Strandweg 9, Edertal-Rehbach; Tel. 0 56 23/41 77; www.fischerhuette-edersee.de; Mi, Do 16–21, Fr–So 12–22 Uhr ●●●

Sport und Freizeit

Wandern

Zahlreiche, bestens ausgeschilderte Wanderwege führen durch den Nationalpark Kellerwald-Edersee. Die Broschüre »Naturleben auf dem Kellerwaldsteig« informiert über die Routen der insgesamt 155 km langen Wege.
Geschäftsstelle des Naturparks Kellerwald-Edersee, Ratzeburg 1, Edertal-Affoldern; Tel. 0 56 23/93 39 00; www.naturpark-kellerwald-edersee.de; Broschüre erhältlich für 1 € + 1,44 € in Briefmarken

Service

Auskunft

Sachsenhäuser Str. 10, Waldeck; Tel. 0 56 23/9 99 80, Fax 99 98 30; www.edersee.com; Chr. Himmelfahrt-31. Okt. Mo-Fr 9-16, Sa 10–12; 1. Nov.-Chr. Himmelfahrt Mo-Fr 9-16 Uhr

Willingen

→ S. 116, A 4

Willingen (8200 Einwohner) liegt im Waldecker Upland, das bereits zum sauerländischen Rothaargebirge zählt. Viele Willinger bezeichnen sich deshalb lieber als Sauerländer und nicht als Nordhessen. Man munkelt gar, dass sie sich bei einer Volksabstimmung für eine Zugehörigkeit zu Nordrhein-Westfalen entscheiden würden. Das sehen die Nordhessen nicht so gerne, denn dann wären sie um eine Attraktion ärmer. Das Wintersportgebiet mit einer Doppelsesselbahn und 13 Skiliften am Ettelsberg (836 m) und dem Hoppernkopf (800 m) sowie 14 Loipen mit einer Gesamtlänge von 90 km lockt jährlich Hundertausende Skifahrer, Langläufer, Snowboarder und Rodler. Außerdem steht Willingen – zumeist im Januar – im Mittelpunkt der internationalen Skiwelt: Dann findet am Mühlenkopf auf der größten Großschanze der Welt der FIS-Weltcup der Skispringer statt.
23 km von Korbach

Mit denen kann man Schlitten fahren: Winterspaß in Willingen.

Hotels/Andere Unterkünfte

Romantik-Hotel Stryckhaus

Das ehemalige Landhaus am Waldrand, 1912 erbaut, wurde behutsam erweitert und darf heute für sich in Anspruch nehmen, von außen (großer Garten) wie von innen eine behagliche Atmosphäre geschaffen zu haben: Schwimmbad im Lagunendesign mit Innen- und Außenbereich, Sauna, schönes Restaurant, sanfte Illumination und eine Couchgruppierung am Kamin. Anspruchsvolle Speisekarte, die beispielsweise »Rotbarschfilets mit schwarzer Olivenbutter« offeriert.
Mühlenkopfstr. 12; Tel. 0 56 32/98 60; www.stryckhaus.de; 62 Zimmer, 4 Appartements ●●●● CREDIT

MERIAN-Tipp

6 Nordic Walking Zentrum

Das flotte »Gehen am Stock«, wie es Anhänger dieser Sportart selbstironisch definieren, ist ein effektives Ganzkörpertraining, das Oberkörper und Beine gleichermaßen einbezieht. Im Nordic Walking Zentrum können Stöcke und Herzfrequenzmesser ausgeliehen und fachkundiges Personal zu Rate gezogen werden. Die vier Parcours – für Anfänger und Fortgeschrittene – sind perfekt ausgezeichnet.

Treffpunkt Kurpavillon, Stryckweg 27; Tel. 0 56 32/46 10 → S. 116, A 4

Kurhotel Hochsauerland 2010

Großes Hotel mit eigener Kur- und Therapieabteilung in schöner Lage am Südhang der Stadt mit Schwimmbad, Sauna, Fitnessstudio. Das Haus richtet sich an »den gesundheitsorientierten Gast, der in einer ruhigen und angenehmen Atmosphäre entspannende Tage verbringen möchte«. Neben vielen attraktiven Wellnessangeboten bietet das Hotel ärztliche Beratung und die Erstellung eines Therapieplanes. Schöne Zimmer – wer statt getrennter Betten die intim französische Variante bevorzugt, muss etwas mehr bezahlen.

Sonnenweg 23; Tel. 0 56 32/40 20; www.hochsauerland2010.de; 210 Zimmer; 3 Suiten ●●● CREDIT ♿

Sauerland Stern Hotel

Dieser sechsgeschossige Komplex zählt zu den größten Hotels Deutschlands. Es ist wie ein gleichschenkliges Ypsilon konstruiert, dessen Zentrum ein imposantes Atrium bildet. Komfortable Zimmer, alle mit Balkon, wunderschöne Suiten, guter Service, Wellnessangebote. Preise inklusive Pool, Sauna und Fitnessstudio. Das Hotel ist ein beliebtes Ziel für Firmen- und Vereinsausflüge – auf Trubel sollte man sich einstellen.

Kneippweg 1; Tel. 0 56 32/40 40; www.sauerland-stern-hotel.de; 525 Zimmer, 100 Appartements; 6 Suiten ●●● CREDIT ♿

Hunderteins, hundertzwei, hundertdrei ... im Heidegebiet am Ettelsberg darf man auch ohne Schlafstörung Schäfchen zählen.

SEHENSWERTES

Ettelsberg

Willingen ist sich nicht ganz einig, ob sich der Ettelsberg als Europas einzige oder größte oder höchstgelegene Heide rühmen soll. Unbestritten ist, dass sich auch diese Heide durch eine einzigartige Vegetation mit vielen Zwergsträuchern auszeichnet.

Auf der Spitze des Berges findet sich seit 2002 der ästhetisch wenig inspirierte, 59 m hohe »Willinger Hochheideturm«, der allerdings einen fantastischen Blick auf das Waldecker Land eröffnet. Über die Regionalgrenzen bekannt ist die Ettelsberghütte mit Gastwirt Siggi.

Die Fahrt mit der Sesselbahn von 590 auf 830 m dauert etwa 15 Min.

Ettelsberg Seilbahn, Zur Hoppecke 5; Tel. 0 56 32/67 15; www.ettelsberg-seilbahn.de; 9–17 Uhr (bei Skibetrieb 8–17 Uhr); Eintritt 4,50 € (für Skifahrer, Drachenflieger u. a. Aufpreis)

Glasbläserei Willingen

Wie man aus einer glühenden 1300-Grad-Celsius-heißen Glasmasse ein praktisches Gefäß oder ein kunstvolles Objekt blasen kann, wird in der Glasbläserei eindrucksvoll demonstriert. Besucher können ihr eigenes Glas anfertigen und am nächsten Tag gebrannt abholen.

Zur Hoppecke 9; Tel. 0 56 32/98 55 20; www.glasgalerie-willingen.de; 1. Apr.–31. Okt. 10–17, Sa, So 10–16, 1. Nov.–31. März Mo–Fr 10–12.30, 14–17, Sa 10–12.30, 14–16, So 10–12.30 Uhr

Mühlenkopfschanze

Hier starten waghalsige Helden im Weltcup der Skispringer: Martin Schmitt und Sven Hannawald, Andreas Widhölzl, Adam Malysz und Janne Ahonen ziehen jedes Jahr Zehntausende Zuschauer an. Die »größte Großschanze« der Welt ist das ganze Jahr über geöffnet – für den Blick in das tiefe Tal, in dem die Springer standhaft landen. Ein gläserner Fahrstuhl hebt die Besucher zur Schanzenplattform auf 770 m Höhe.

Im Stryck, etwa 20 Min. Gehweg; Tel. 0 56 32/96 00 (Ski-Club Willingen); Anlaufturm tgl. 9–17, Standseilbahn Mi, Fr 13–17, Sa, So 9–17 Uhr; Eintritt 6 € (inkl. Lift Schanzenturm)

MERIAN-Tipp

7 Gutshof Itterbach

Die Kronleuchter sind aus Bronze gefertigt, die Möbel aus Italien importiert, der Kamin ist aus Granit, der Eingangsbereich mit Marmorplatten gefliest – die Restaurierung des ehemaligen Gutshofs kostete rund 3,5 Mio. Euro, und jeder Cent hat sich gelohnt. Das Restaurant wirkt nobel, ohne elitär zu sein. Die Einrichtung ist auf das Wesentliche reduziert und schafft gerade dadurch eine gelungene Synthese aus historischer Substanz und modernem Design. Die Speisekarte verheißt »Filet vom Bachsaibling, in Zitronenöl gebacken, mit gefüllter Mangoldroulade«.

Mühlenkopfstr. 7; Tel. 0 56 32/9 69 40; www.gutshof-itterbach.de; Di–Fr 14–24, Sa, So 12–24 Uhr ●●●● CREDIT
→ S. 116, A 4

SPORT UND FREIZEIT

Wandern

Der Upländer Gebirgsverein hat eine 64-seitige Broschüre herausgegeben, in der die schönsten Wanderrouten in Willingen und Umgebung beschrieben werden (für nur 50 Cent).

UGV Willingen, Ernst Gerbracht; Am Iberg 6; Tel. 0 56 32/66 13 oder Tourist Information; Waldecker Str. 12; Tel. 0 56 32/40 11 80

SERVICE

Auskunft

Kur- und Touristikservice Willingen; Waldecker Str. 12, Willingen; Tel. 0 56 32/40 11 80, Fax 40 11 50; www.willingen.de; Mo–Fr 9–17, Sa 10–13, So 10.30–12 Uhr

Kurhessisches Bergland

Malerdorf, Kaiserstadt und Wellnessfarmen – für Kunst, Kultur und Lebensart.

Hier dürfen Häuser noch Charakter haben: Fachwerkbauten wie in Melsungen prägen das Kurhessische Bergland und Nordhessen.

Die reizvolle Lage Hombergs, die »Dom- und Kaiserstadt« Fritzlar, das Rathaus von Melsungen, das Malerdorf Willingshausen, Schlösser, Burgruinen und Klöster – das Kurhessische Bergland lockt mit vielen außergewöhnlichen Sehenswürdigkeiten.

Wer die Natur liebt, wird sich wohl fühlen: Knüllgebirge und Homberger Hochland, der Naturpark Habichtswald, Flüsse und Seen sowie der tiefe Kellerwald im Westen machen Lust auf Aktiv-Urlaub.

Homberg/Efze

15 500 Einwohner ⇢ S. 122, A 4

Schon der Kupferstecher und Topograf Matthaeus Merian, übrigens Namensgeber des Verlags, in dem dieses Buch erscheint, schwärmte im 17. Jh. von der majestätischen Lage Hombergs. Und in der Tat scheint die Burg auf dem mächtigen Schlossberg den Besucher schon von weitem zu begrüßen.

Vor allem abends liegt eine magische Atmosphäre über der Stadt, wenn sich die Umrisse des Basaltkegels schattenhaft abzeichnen und die Burg, von Scheinwerfern bestrahlt, unter dem Himmel zu leuchten scheint.

Ihre einstigen Bewohner, die Ritter »derer von Hohenberg«, gaben dem Ort seinen Namen, 1231 erstmals urkundlich erwähnt.

Heute ist Homberg als Kreisstadt des Schwalm-Eder-Kreises das Zentrum des Kurhessischen Berglandes. Erst in diesem Jahrhundert, – recht spät, möchte man meinen – gab sie sich den Beinamen »Reformationsstadt«, weil hier, 1526, auf der »Homberger Synode«, die Reformation in Hessen ausgerufen wurde.

Die Altstadt Hombergs prägen schmale Gassen, ein mittelalterliches Ambiente mit Kopfsteinpflaster und viel Fachwerkgebälk.

Hotels/Andere Unterkünfte

Hohlebach-Mühle ⇢ S. 122, A 14

Das schönste Hotel und – nebenbei bemerkt – auch beste Restaurant der Stadt liegt vor den Toren Hombergs, in der Ziegenhainer Straße. Sie beginnt an der Bundesstraße, die zur Autobahn führt. Die Zimmer und das Mobiliar in der alten Mühle aus dem 13. Jh sind außergewöhnlich geschmackvoll im Landhausstil inszeniert. Das Restaurant bietet Platz für 40 Gäste und hat sich mit seiner anspruchsvollen Küche einen Namen gemacht, der weit über die Region hinaus reicht.

Ziegenhainer Str. 51;
Tel. 05681/938380;
www.hotel-hohlebach-muehle.de;
8 Zimmer ●● AmEx VISA

Sehenswertes

Hohenburg ⇢ S. 122, A 14

Auf dem Schlossberg thront das Wahrzeichen der Stadt. Die Hohenburg stammt wahrscheinlich aus dem 12. Jh. Doch vermutlich hatten schon die Franken den Homberger Basaltkegel seit dem 6. Jh. besiedelt. Der Besuch der Burgruine lohnt wegen des wunderbaren Weitblicks, 155 m über der Efze, und wegen des tiefsten (150 m) in Basalt gehauenen Burgbrunnens Deutschlands. Eine Sage erzählt vom Mord des Schlosstürmers, der seine Magd in den Brunnen gestoßen haben soll, weil sie ihn als Verräter entlarvt hatte. Seither erscheint, alle sieben Jahre an ihrem Todestag, ihr Geist als »Weiße Frau« auf der Hohenburg.

Georg-Textor-Weg, Hohenburg

Stadtkirche St. Marien ⇢ S. 122, A 14

Die Schmuckfenster im Chor und eine Gedenktafel erinnern daran, dass die Marienkirche 1524 Schauplatz der »Homberger Synode« war. Die spätgotische Hallenkirche aus dem 14. Jh. wurde auf dem Fundament einer romanischen Basilika errichtet und birgt einen der ältesten spätgotischen Kreuzwege. Im achteckigen

Füttern erlaubt: Im Wildpark Knüll leben Hirsche, Rehe, Luchse und Wildpferde.

Turm über der Altane ist eine Türmerwohnung in historischer Ausstattung zu besichtigen.

Am Marktplatz, 10–17 Uhr; Führungen in die Türmerwohnung: 1. Apr.–15. Okt., jeden zweiten So im Monat 11.15 Uhr; Eintritt 2,50 €

Essen und Trinken

Gasthaus Krone → S. 122, A 14

In der Krone werden seit 1721 Gäste bewirtet – damals hieß sie noch »Reichskrone« – und zählt somit zu Hessens ältesten Restaurants. Direkt am Marktplatz gelegen, in einem herrlichen, durch mächtige Knaggen gestützten Fachwerkbau von 1480, bietet die Speisekarte grundsolide bürgerliche Küche.

Holzhäuser Str. 1; Tel. 05681/609232; tgl. 12–14 und 17–23 Uhr ●● VISA

Sport und Freizeit

Wildpark Knüll → S. 122, A 14

Rund um den 413 m hohen Streutlingskopf führen die Wege in dem 50 ha großen Areal zu Wildpferden und Zwergziegen, Sika-, Muffel- und Damwild, Luchs und Uhu. Ein Naturzentrum informiert über Flora und Fauna der Region.

Im Seckenhain, Allmuthshausen; Tel. 05681/2815; www.wildpark-knuell.de; 1. Feb.–31. März 10–16, 1. Apr.–31. Okt. 9–18, 1. Nov–31. Jan. Sa, So 10–16, hessische Weihnachtsferien 10–16 Uhr; Eintritt 3,60 €

Service

Auskunft

Tourist-Information → S. 122, A 14

Marktplatz 20, Homberg (Efze); Tel. 05681/939161, Fax 939162; www.homberg-efze.de Öffnungszeiten: Apr.–Okt. Mo.–Fr. 10–17 Uhr, Sa. 10–15 Uhr, So. 11–15 Uhr

Knüllwald Touristik Service → S. 122, A 14

Hauptstr. 34, Knüllwald-Remsfeld; Tel. 05681/930808, Fax 930807; 1. Sept.–30. Juni Mo–Fr 8–17, 1. Juli–31. Aug. Mo–Fr 8–20 Uhr

Ziele in der Umgebung

Bad Zwesten

⇢ S. 121, E 10

Bad Zwesten (4300 Einwohner) liegt, 40 km von Kassel entfernt, auf halber Strecke nach Marburg. Der kleine Ort ist Luftkurort und Heilbad zugleich. Bereits 1912 wurden erste Bohrungen analysiert, die Quelle wenige Jahre später als Heilwasser anerkannt.

25 km von Homberg/Efze

Sehenswertes

Kurpark mit Brunnentempel

Zwischen den beiden Hardtwaldkliniken und dem Ortskern wurde ein weitläufiger Kurpark angelegt. Kräuter-, Duft- und Rosengarten inspirieren die Sinne. Hinter dem Fontänenteich gelangt man zu einer begehbaren Sonnenuhr. Von Ostern bis 31. Oktober lässt sich am Brunnentempel das Zwestener Heilwasser auf seine Heilwirkung prüfen. Der Trinkbrunnen im Kurhaus ist hingegen das ganze Jahr geöffnet.

Kurverwaltung: Ringstr. 1;
Tel. 0 56 26/7 73;
E-Mail: kurverwaltung@badzwesten.de;
Mo–Fr 9–12, 14–17.30 Uhr;
Kurhaus am Kurpark: Hardtstr. 7;
Tel. 0 56 26/10 77

MERIAN-Tipp

8 Landhotel Kern

Ein Landhotel wie aus dem Bilderbuch und mit allem Komfort: Liebevoll und individuell gestaltete Zimmer tragen viel sagende Namen wie »Miss Marple«, »Kuschelmuschel« oder »English Countryside«. Wellnessbereich mit Pool, Sauna, Solarium, Kosmetik. Restaurant mit anspruchsvoller Speisekarte, bürgerlich, regional und international.

Brunnenstr. 10; Tel. 0 56 26/99 70;
www.landhotel-kern.de; 57 Zimmer
●● CREDIT ⇢ S. 121, E 10

Wellness

Schloss Bad Zwesten

Abschalten, verwöhnen lassen, Energie tanken: Die Wellnessfarm auf dem ehemaligen Gut verspricht mit Pool, Sauna und Massagen und einem eigenen Stab von Ernährungsberatern, Körper- und Atemtherapeuten neue Impulse für Körper und Geist. Das Hotel Kavaliershaus bietet zwölf sehr schöne Zimmer mit antiken Möbeln. Übrigens: Wer Zweifel an der Form seiner Nase hat, kann sie von einem Experten für plastische Chirurgie diskret korrigieren lassen.

Schlossweg 2–4; Tel. 0 56 26/92 23 41 00;
www.schloss-bad-zwesten.de
●●●● CREDIT

Borken

⇢ S. 121, F 10

14 800 Einwohner

Mit seinem schwärzesten Tag ging Borken in die Geschichte ein: Am 1. Juni 1988 löste eine Routinesprengung eine Kohlenstaubexplosion in der Braunkohlegrube Stolzenbach aus. 51 Kumpels starben, nur sechs konnten gerettet werden. 1991 wurde der Bergbau in Borken beendet. Die Tagebaulöcher von einst sind heute beliebte Freizeit- und Urlaubsziele, das Borkener Seenland.

11 km von Homberg/Efze

Hotels/Andere Unterkünfte

Hotel am Stadtpark

Topmoderner Hotelkomplex, am Stadtpark gelegen.

Bahnhofstr. 33; Tel. 0 56 82/80 10;
www.hotelamstadtpark-borken.de,
42 Zimmer ●● CREDIT

Zinns Ferienhof

Bauernhofurlaub im modernen Fachwerkgebäude. Bei diesem abwechslungsreichen Programm kommt keine Langeweile auf: Kräuterseminare, Kurse in Seidenmalen, Schwälmer Stickerei, Puppenbasteln, Besenbinden, Streichelzoo, Sauna.

Hardtstr. 6, Trockenerfurth;
Tel. 0 56 82/35 56; 4 Zimmer, 4 Ferienwohnungen ●

MUSEUM

Hessisches Braunkohle-Bergbaumuseum

Die Museumsbereiche sind auf mehrere Standorte verteilt: Die Bergbaugeschichte wird im ältesten Fachwerkgebäude Borkens dokumentiert (Am Amtsgericht 2–4). Ein rekonstruierter Stollen zeigt anschaulich, wie die Arbeitswelt unter Tage ablief. Der Themenpark »Kohle und Energie« (Am Freilichtmuseum 1) präsentiert auf 3,5 ha Schaufelradbagger und Brennkammern für die Braunkohlegewinnung im Original.

Die Gedenkstätte für die Opfer der Grubenunglücke seit 1922 befindet sich an der Landstraße zwischen Dillich und Stolzenbach.

Info: Am Rathaus 7; Tel. 0 56 82/80 82 71; www.braunkohle-bergbaumuseum.de; Themenpark 1. So vor Ostern–31. Okt. Di–Sa 14–17, So 12–17 Uhr; Eintritt 3,50 €; Bergbaugeschichte mit Besucherstollen Di–Sa 14–17, So 12–17 Uhr; Eintritt 2,50 €

Felsberg

→ S. 122, A 13

In Felsberg – rund 20 km südlich von Kassel gelegen – verteilt sich die Bevölkerung auf 16 Dörfer mit 12 000 Einwohnern. Im namensgebenden Ort zählt man lediglich 2600 Einwohner. Die Großgemeinde ist stolz auf ihre drei Burgen und rühmt sich – dank des Dreiecks Felsburg, Altenburg und Burg Heiligenberg – als »Drei-Burgen-Stadt im Edertal«. Öffentlich zugänglich ist allerdings nur die Ruine auf dem Heiligenberg; die Altenburg befindet sich in Privatbesitz, und die Felsburg ist wegen Baufälligkeit gesperrt.

16 km von Homberg/Efze

SEHENSWERTES

Ars Natura Kunst am Wanderweg

Am Wanderweg X 8, dem Barbarossaweg, der sich auf 70 km erstreckt, schmücken nahezu 100 Kunstwerke den Parcours. Der Ausstellungsraum »Natur« ermöglicht es dem Betrachter, in einen Dialog mit Bäumen, Steinen und Erde zu treten. Ausgangspunkt ist der Heiligenberg.

Tel. 0 56 63/17 46; www.ars-natura-stiftung.de

Burg Heiligenberg

Erzbischof Konrad von Mainz ließ von 1180 bis 1186 Burg Heiligenberg errichten. Sie diente als Schutzburg gegen die Überfälle der Thüringer Landgrafen. Aus 393 m Höhe genießt man einen fantastischen Rundblick auf das Edertal.

Gensungen; Tel. 0 56 62/25 75 (Heiligenbergverein Gensungen); www.heiligenbergvereln.de

EINKAUFEN

Böddiger Berg

An einem Hang in Böddiger, nördlich von Felsberg, wird der nördlichste Wein Hessens angebaut. Hier wachsen die Rebsorten Riesling, Kerner und Ehrenfelser, eine Kreuzung aus Silvaner und Riesling. Als »gradlinig im Ausdruck und mit einem harmonisch ausgewogenen Verhältnis von Trockenheit und Restsüße«, so charakterisieren die Winzer ihren Rebensaft »Bödigger Berg«. Ab 7 Euro aufwärts, erhältlich bei

Tankstelle Rietschle, Steinweg 6; Tel. 0 56 62/5 00 10; Stadtsparkasse Felsberg, Steinweg 4; Tel. 0 56 62/5 00 90; Rewe Markt, Steinweg 15; Tel. 0 56 62/37 30

Fritzlar

→ S. 121, F 9

15 500 Einwohner

Eine gut erhaltene Stadtmauer mit Wach- und Wehrtürmen aus dem Mittelalter, etwa 450 Fachwerkhäuser im historischen Kern, enge, verwinkelte Gassen mit Kopfsteinpflaster und einer der schönsten Marktplätze Hessens – Fritzlar, die »Dom- und Kaiserstadt« hält, was ihr Beiname verspricht. In der Tat kann die Stadt auf eine bedeutende Geschichte zurückblicken. Als Gründer gilt der Missionar Bonifatius, der 723 – wahrscheinlich in der Gemarkung Geismar – die kultisch verehrte Donareiche fällte. Mit diesem Akt wollte er die Überlegenheit des christlichen Glaubens gegenüber dem Heidentum demonstrieren und beeindruckte damit ganz offensichtlich: Tausende ließen sich taufen. Aus dem Holz des Baumes ließ er eine Kapelle bauen und gründete ein Benediktinerkloster, die Urzelle der Stadt Fritzlar.

Bis zum Ende des 11. Jh. stand das fränkische Fritzlar häufig im Mittelpunkt deutscher Politik: so im Jahr 919, als im Dom zu Fritzlar der Sachsenherzog Heinrich I. zum König von Franken und Sachsen gekrönt wurde – viele Historiker werten dieses Ereignis als Beginn des »Heiligen Römischen Reiches«.

19 km von Homberg/Efze

Hotels/Andere Unterkünfte

Schloss Garvensburg

Ende des 19. Jh. baute sich der hannoversche Industrielle Wilhelm Garvens ein Schloss in Züschen mit einem Park von fast 47 000 qm. Elemente unterschiedlicher Epochen – unter anderem wurden die Überbleibsel einer alten Burg verarbeitet – verwandelten das Anwesen in einen monumentalen Repräsentationssitz. Heute erwartet die Gäste ein Restaurant und Hotel in historischem Ambiente mit Deckengemälden, Gewölbedecken und majestätisch breiten Treppen. Allerdings: Die Zimmer ha-

Dom- und Kaiserstadt: Der Marktplatz von Fritzlar mit seinen geschlossenen und originellen Fachwerkhäusern gilt als einer der schönsten in Hessen.

ben nur Waschbecken; Dusche und WC befinden sich auf dem Gang.
Obertor 13, Züschen;
Tel. 05622/798230;
www.garvensburg.de;
13 Zimmer ●● MASTER VISA

Sehenswertes

Marktplatz
Der Marktplatz von Fritzlar mit seinem geschlossenen Fachwerkensemble und dem 1971 restaurierten Rolandsbrunnen gehört ohne Zweifel zu den schönsten Nordhessens. An der Ostseite fällt das schmale »Kaufmannshäuschen« mit dem langen Spitzdach auf. Es wurde Ende des 15. Jh. erbaut – als Kontor für die Michaelsbruderschaft, eine der ältesten deutschen Handelsvereinigungen.
Marktplatz

St.-Petri-Dom
Das berühmteste Bauwerk der Stadt: 732 ersetzte die romanische Steinbasilika die bonifatianische Holzkirche. 1079 wurde das Gotteshaus zerstört 7 und 1085 als Pfeilerbasilika in den Dimensionen des heutigen Doms wieder errichtet.

Die reiche innere Ausstattung stammt aus sieben Jahrhunderten, darunter ein romanisches Chorgestühl, gotische Epitaphien und Fresken, ein barocker Hoch- und Reliquienaltar sowie ein modernes Kirchenfenster aus dem 20. Jh.
Dr.-Jestädt-Platz; www.dom-fritzlar.de;
Mo–Fr 8–12, 14–18, Sa, So 9–12, 13–17 Uhr

Steinkammergrab
1894 wurde auf diesem Feld eine archäologische Sensation entdeckt: das 4000 Jahre alte Steinkammergrab einer Kultur, von der man lediglich weiß, dass sie aus Westen eingewandert sein muss. Ähnliche Funde sind in Europa nur in der Nähe von Paris bekannt. 20 m lang und 3,5 m breit ist die in den Boden eingebettete Kammer aus Sandsteinplatten, in der 46 Tote beigesetzt wurden. Die Stätte ist zum Schutz gegen Vandalismus vergittert, aber einsehbar. Wer hinein möchte, muss eine Gruppenführung buchen.
Zwischen Lohne und Züschen, beschildert; Tel. 05622/988643 (Tourist-Information)

Museum

Dommuseum
Das Dommuseum mit Krypta, Kreuzgang, Domschatz und Bibliothek zählt zu den wichtigsten sakralen Sammlungen Deutschlands. Wertvolle Exponate der salischen Dynastie, die mit dem Frankenkaiser Konrad II. 1024 begann. Prunkstück des so genannten Domschatzes ist das Kaiser-Heinrich-Kreuz von 1020, das mit zwei Splittern des Kreuzes Christi bestückt sein soll. Außerdem: Dombibliothek mit mittelalterlichen Handschriften und frühen Drucken. Übrigens, die Exponate werden zeitweise wieder für den liturgischen Gebrauch entliehen.
Dr.-Jestädt-Platz 11; Tel. 05622/99990;
1. Mai–31. Okt. Mo 14–17, Di–Fr 10–12, 14–17, Sa 10–12, 14–16.30, So 14–16.30 Uhr; Eintritt 2 €

Essen und Trinken

Taormina
In einem Gewölbekeller am Marktplatz serviert das Restaurant Spezialitäten aus Sizilien.
Marktplatz 22; Tel. 05622/4284;
www.taormina-fritzlar.de;
Mi–Mo 11.45–14.30, 18–23 Uhr

Am Abend

Scala Varieté
Im historischen Filmpalast haben 2003 die Artistin Jutta Schröder und der Techniker Merten Wagnitz eines der raren deutschen Varietees eröffnet. Comedy und Kabarett, Artisten und Entertainer bereichern seither das kulturelle Leben.
Spitalsgasse 9; Tel. 05622/9190857;
www.scala-variete.de; Fr, Sa 28 €,
So 19 €

SERVICE

Auskunft

Tourist Information

Zwischen den Krämen 5;
Tel. 0 56 22/98 86 43, Fax 98 86 26;
www.fritzlar.de; Mo 10–18, Di–Do 10–17,
Fr 10–16, Sa, So 10–12 Uhr

Guxhagen

→ S. 122, A 13

Im Einzugsbereich von Kassel liegt die Gemeinde Guxhagen (5400 Einwohner), 1352 erstmals erwähnt. Prägend für den Ort war das Kloster Breitenau, das 1119 von Graf Werner von Grüningen gegründet wurde; Hauptanziehungspunkt ist die Klosterkirche mit ihrer wechselvollen Historie. Im Dritten Reich wurde es als KZ missbraucht, während des Gottesdienstes waren die Gläubigen nur durch eine Wand von den Gefangenen getrennt.

25 km von Homberg/Efze

MERIAN-Tipp

9 Gedenkstätte Breitenau

»Mein verwundetes Herz. Das Leben der Lili Jahn 1900–1944« erschien 2002 und wurde in kurzer Zeit ein Bestseller. Der »Spiegel«-Redakteur Martin Doerry schilderte darin das Leben seiner Großmutter, die im KZ Breitenau interniert war und in Auschwitz starb.

Anhand authentischer Unterlagen, Ausweise, Fotos und künstlerischer Arbeiten dokumentiert die Gedenkstätte die Geschichte des Lagers und die Schicksale der Gefangenen – darunter auch die Briefe, die Lili Jahn an ihre fünf Kinder schrieb, die plötzlich für sich selbst sorgen mussten. Die Briefe zeugen bis zuletzt von der Hoffnung, dass die Gefangenschaft nur vorübergehend sein könnte. Eine eindrucksvolle Ausstellung, die ohne große Inszenierung individuelle Schicksale lebendig werden lässt.

Brückenstr. 12; Tel. 0 56 65/3 53;
www.gedenkstaette-breitenau.de;
Mo–Fr 9–13, 14–16, So 13–17 Uhr,
Fei geschl. → S. 122, B 13

EINKAUFEN

Edermünder Brauscheune

Hier wird das Bier noch von Hand hergestellt. Im Sommer kann man Braumeister Karl-Friedrich Klitsch dreimal in der Woche beim Bierbrauen beobachten und sich nach dieser »Anstrengung« ein Helles, ein Weizen, Bock oder Märzen im Hof des ehemaligen Bauernhofes gönnen (auch zum Mitnehmen).

**Grifter Str. 3a, Edermünde-Haldorf;
Tel. 0 56 65/96 98 96;
www.brauscheune.de; Di–Do 16–1,
Fr 14–1, Sa, So 12–1 Uhr, Mo geschl.
außer an Fei**

Knüllwald

→ S. 122, B 15

Die Gemeinde Knüllwald an den beiden Flüssen Efze und Beise, inmitten von weiten Feldern und ausgedehnten Wäldern gelegen, bietet sich als ruhiges Urlaubsziel an. Wander- und Radwege, der Wildpark Knüll, die Burgruine Wallenstein sowie die Lochbachklamm – die Region bietet für jeden etwas.

7 km von Homberg/Efze

SEHENSWERTES

Lochbachklamm

Die Lochbachklamm entspringt dem Umberg und fließt der Efze zu. Der Bach hat sich so tief in das Gelände eingegraben, dass eine felsige Schlucht entstanden ist. Über Holzstege kann diese wilde Landschaft erkundet werden, 17 kleine Brücken auf etwa 1,5 km führen zu Sturzquellen und überrieselten Felsen.

Zwischen Hülsa und Wallenstein, Parkmöglichkeit am Dorfgemeinschaftshaus Wallenstein

Naturbad und Burg Wallenstein

Direkt an einer Burgruine liegt das von einem kühlen Bach gespeiste Naturbad Wallenstein. Direkt neben dem Schwimmbad ragt der Turm der Burg Wallenstein empor. Sie war einst im Besitz der berühmten Ritter von Wallenstein, deren letzter Spross 1745 verstarb.

Burgstr., Wallenstein; Tel. 05686/262; 1. Mai–30. Sept. Mo–Fr 10–20, Sa, So 10–18 Uhr

Hotels/Andere Unterkünfte

Landhotel Zinn

Modernes Landhotel mit Standardkomfort und Sauna. Es werden interessante Arrangements für Aktiv-Urlauber angeboten, beispielsweise Nordic-Walking-Schnupperkurse oder Wanderwochen.

Burgstr. 6, Wallenstein; Tel. 05686/395; www.landhotel-zinn.de; 18 Zimmer ●●/●

Melsungen

S. 123, B 13

15000 Einwohner

Kaum 25 km von Kassel entfernt im Fuldatal gelegen und von ausgedehnten Wäldern eingerahmt, liegt Melsungen. Wer im Sommer auf der Bartenwetzerbrücke steht und beobachtet, wie die Fulda gemächlich den historischen Stadtkern umfließt, wird das Flair des Ortes besonders genießen. Der Fluss hat offenbar schon früh erste Sieder angelockt, wie Zeugnisse aus der Zeit zwischen dem 9. und 4. Jh. vor Christi Geburt beweisen; eine schriftliche erste Erwähnung über Melsungen findet sich im Jahre 802.

Sehenswert ist die geschlossene Altstadt mit ihrer mittelalterlichen Architektur, auch wenn viele Bauwerke wie das Landgrafenschloss oder der Marstall heute als Verwaltungs- bzw. Justizgebäude dienen.

19 km von Homberg/Efze

Harmonische Fassade mit Ecktürmchen: das Rathaus in Melsungen.

Sehenswertes

Bartenwetzerbrücke

Die steinerne Fuldaüberführung mit den massiven Bögen zählt zu den schönsten Brücken in Hessen. 1596 fertig gestellt, erhielt sie ihren Namen von den »Bartenwetzern«. So nannte man im Mittelalter jene Männer, die Tag für Tag auszogen, um in den Melsunger Wäldern Holz zu schlagen und auf dem Weg dorthin ihre Äxte, die »Barten«, an den Sandsteinen der Brücke wetzten.

Altstadt, an der Fulda

Rathaus

Mitten auf dem Marktplatz, frei nach allen Seiten, steht das 1556 erbaute Rathaus – der große Stolz der Stadt. Der mehrgeschossige Fachwerkbau erhebt sich mit dem kleinen Mitteltürmchen auf eine Höhe von 29 m. Jeden Tag um 12 und um 18 Uhr zeigt sich im Turm die holzgeschnitzte Figur des »Bartenwetzers«, der Symbolfigur Melsungens.

Am Markt 1; Tel. 05661/7080; www.melsungen.de

Essen und Trinken

Restaurant Stadthalle

Gutbürgerliche Küche in altehrwürdigen, holzvertäfelten Räumen, in denen nur die Theke nicht so ganz dazu passen will. Das ehemalige Casino – 1838 im Stil des Kasseler Klassizismus erbaut – wurde in den 70er Jahren zur Stadthalle erweitert. Im Sommer kann man auch auf der Terrasse speisen.

Rotenburger Str. 12; Tel. 0 56 61/37 20; Mi–Mo 11–22 Uhr ●●● CREDIT

Bistro & Weinlokal F7

Das schmalste Fachwerkhaus in Melsungen bietet Platz für 40 Gäste, die auch nach 23 Uhr noch den Koch bemühen dürfen. Saisonale und regionale Angebote, aber auch Exotisches. Ausgefallene Leckerbissen sind zweifellos die Lachspralinés.

Fritzlarer Str. 7; Tel. 0 56 61/92 54 77; Mo–Do 17–1, Fr 16–1, Sa 10–1 Uhr ●●

MERIAN-Tipp

10 Poststation Zum Alten Forsthaus

Gegenüber dem Kloster Haydau hat sich 2003 ein Gasthof etabliert, dessen Ruf über die Landkreisgrenzen hinaus reicht. Berit und Thomas Raabe bieten in dem vorbildlich renovierten Altbau und dem voll verglasten Neubau regionale und bürgerliche Gerichte auf hohem Niveau an: »Melsunger Hirschkeule«, »Neumorscher Lamm« oder Fisch auf Tagesempfehlung. Das angeschlossene Landhotel verfügt über wunderschöne Zimmer mit teilweise antiken Möbeln (und modernem Internetanschluss).

Nürnberger Str. 13, Altmorschen; Tel. 0 56 64/9 39 30; Mi–Mo 12–14, 18–23 Uhr ●●● → S. 122, B 14

Morschen → S. 122, B 14

20 km von Homberg/Efze

SEHENSWERTES

Kloster Haydau

Das Zisterzienserinnenkloster dient heute als großes Seminar- und Kulturzentrum. Zu besichtigen sind noch die schöne Parkanlage sowie die große und schlichte Klosterkirche aus dem Jahr 1320. Im Zuge der Reformation wurde die Glaubensgemeinschaft aufgelöst. Landgraf Wilhelm VI. baute im 17. Jh. das Anwesen zur Nebenresidenz und zum Lustschloss um. So erhielt das einst sakrale Bauwerk eine eher profane Bestimmung zur leiblichen Erbauung seines adligen Besitzers.

In der Haydau 6, Altmorschen; Tel. 0 56 64/93 00 40; www.kloster-haydau.de; Klosterkirche Mo–Fr 8–18, Sa, So 9–18 Uhr

Kunstwerk mit Hintergrund: Ein Mädchen treibt Gänse vom Fuldaufer durch die Stadt – vor mehr als 100 Jahren ein gewohntes Bild in Melsungen.

Schwalmstadt S. 121, E 11

19 300 Einwohner

Knapp 20 km südlich von Homberg liegt Schwalmstadt, die größte Stadt des Kurhessischen Berglandes. Bekannt ist die farbenprächtige Schwälmer Tracht, die insbesondere bei zünftigen Festen wie der »Ziegenhainer Salatkirmes« oder der »Treysaner Hutzelkirmes« lebendig werden. Herzstück der 13 eingemeindeten Ortschaften sind Ziegenhain und Treysa, die im 12. bzw. 8. Jh. erstmals urkundlich erwähnt wurden. Die Altstadt und das Schloss von Ziegenhain ist von einem viereckigen Wallgraben umgeben, den einst Landgraf Philipp I. ausheben ließ. Seit 1842 dient sein Schloss mitten im Altstadtkern als Gefängnis und ist trotz der mittelalterlichen Architektur als Justizvollzugsanstalt erkennbar.

24 km von Homberg/Efze

Hotels/Andere Unterkünfte

Hof Weidelbach

Idyllische Lage am Waldrand, Zimmer mit Terrasse oder Balkon und Blick über weite Felder. Familie Ziegler sorgt auf unkomplizierte Art dafür, dass die Gäste sich heimisch fühlen. Mit Spielplatz und Biergarten.

Am Nordbahnhof 3, Ziegenhain;
Tel. 06691/4726;
www.hof-weidelbach.de; 19 Zimmer, 2 Appartements ●● CREDIT

Hotel Rosengarten

Ausgezeichnet mit dem Deutschen Fachwerkpreis fungiert das historische Haus von 1620 seit etwa 130 Jahren als Hotel. Moderne Zimmer mit Standardkomfort, schöner Garten. Empfehlenswert ist auch das Restaurant, das jahreszeitliche Spezialitäten anbietet.

Muhlystr. 3, Ziegenhain;
Tel. 06691/94700; www.hotel-rosengarten.org; 9 Zimmer, 4 Appartements
●● AmEx MASTER VISA

Sehenswertes

Marktplatz und Totenkirche

Im Zentrum Treysas befindet sich, umgeben von schönen Fachwerkgebäuden, der Marktplatz, in dessen Mitte der Brunnen mit dem kecken Johannismännchen aufragt.

Das Stadtbild wird jedoch von der übermächtigen Totenkirche geprägt (vom 17.–19. Jh. fanden hier ausschließlich Beerdigungen statt). Vom einstigen Vorgängerbau, der Martinskirche aus dem 13. Jh., ist heute nur noch eine Ruine übrig.

Marktplatz; Treysa

Museen

Museum der Schwalm

Ein Teil des alten Schlosses in Ziegenhain beheimatet das Museum der Schwalm. Interessant sind die Exponate der berühmten Schwälmer Trachten, die heute meist nur zu Festen getragen werden; ihre farblichen Varianten sind Ausdruck einer strengen bäuerlichen Lebensordnung: Rot tragen junge Mädchen, Grün Ehefrauen bis zu 40 Jahren, Violett Frauen bis zum 50. Lebensjahr, Schwarz wird ab 50 und bei Trauer in jedem Lebensalter getragen.

Paradeplatz, Ziegenhain;
Tel. 06691/3893;
www.museumderschwalm.de;
1. Apr.–31. Okt. Di–Fr 10–12, 15–17,

Ausgezeichnet: Deutscher Fachwerkpreis für das Hotel Rosengarten.

Sa 14–17, So 11–12, 15–17, 1. Okt.–31. März So 11–17 Uhr; Eintritt 2 €

Museum Trutzhain

In Trutzhain errichteten die Nationalsozialisten ab 1939 das größte Kriegsgefangenenlager Hessens, das Stalag IX A. Fünf Jahre später wurden dem Roten Kreuz 11 453 Gefangene gemeldet. Einer der wenigen, dem die Flucht aus dem Lager gelang, war der spätere Staatspräsident François Mitterand. Das Museum dokumentiert, unter welch unwürdigen Bedingungen die Gefangenen dort leben mussten. Viele von ihnen mussten in der Landwirtschaft und Industrie Zwangsarbeit leisten.

Seilerweg 1, Trutzhain; Tel. 0 66 91/71 06 63; www.gedenkstaette-trutzhain.de; Di–Do 9–13, 14–16, Fr 9–13, Oster-, Sommer- und Herbstferien Di–Fr 14–17; zudem jeden 2. und 4. So im Monat 14–17 Uhr

Essen und Trinken

Restaurant Scheune

Wo der Hausherr selbst in der Küche steht, wird auf die Qualität der Speisen meist besonderer Wert gelegt. So auch in dem sehr geschmackvoll ausgestatteten Restaurant in einer ausgebauten Scheune. Spezialitäten: Schäufele, Wildschweinsülze, Schwälmer Sack. Die Stube liegt um die Ecke des dazugehörigen Hotels Landgraf.

Landgraf-Philipp-Str. 3, Ziegenhain; Tel. 0 66 91/40 83; Mi–So 11.30–15, 18–23 Uhr ●●●

Ziegelhütte

Mitten im Wald gelegen, verrät die Speisekarte der Ziegelhütte ein engagiertes Konzept, das – je nach Saison – die kulinarische Welt nach Hessen holt: Fische und Krustentiere, karibische, asiatische oder spanische Spezialitäten stehen mitunter auf dem Speiseplan. Mit Kinderspielplatz.

Schützenwald 1, Ziegenhain; Tel. 0 66 91/32 22; Di–So 12–24 Uhr ●●

Service

Auskunft

Schwalm-Touristik

Paradeplatz 7, Schwalmstadt-Ziegenhain; Tel. 0 66 91/7 12 12; Fax 57 76; www.schwalm-touristik.de; Mo–Fr 9–12.30, 14–17, Sa 14–16, So 10–12, 14–16 Uhr

Willingshausen ⇢ S. 121, E 12

Der Ort (5250 Einwohner), im Südwesten des Kurhessischen Berglands gelegen, ist als »Malerdorf« bekannt: Der baltische Offizier und Künstler Gerhardt von Reutern gründete hier 1830 die älteste Malerkolonie Deutschlands. Deren Mitglieder, Ludwig Emil Grimm, jüngster Bruder der Märchenerzähler, Jacob Fürchtegott Dielmann, Ludwig Knaus, Heinrich Otto oder Carl Bantzer, zog es regelmäßig hierher, um sich von der »malerischen« Landschaft und dem bäuerlichen Leben inspirieren zu lassen. Mit dem Ersten Weltkrieg ebbte der Künstlerstrom allmählich ab. Doch im Ort ist man bemüht, die Tradition am Leben zu erhalten. So vergibt beispielsweise die Sparkassen-Kulturstiftung Hessen-Thüringen Stipendien an Künstler, die im alten, pittoresken Hirtenhaus von 1562 untergebracht werden.

30 km von Homberg/Efze

Museum

Malerstübchen

Im Gerhardt-von-Reutern-Haus stellt das Malerstübchen Gemälde und Fotografien aus der Zeit der Malerkolonie aus. Viele Motive spiegeln den Alltag der Bauern wider, oft in den farbenprächtigen Schwälmer Trachten. Außerdem werden von Ostern bis September 14-tägige Malkurse angeboten.

Merzhäuser Str. 2; Tel. 0 66 91/9 63 00 (Anmeldung erforderlich); www.willingshausen.de; Di–So 10–12, 14–16 Uhr; Eintritt 1,50 €

Waldhessen

Blauer Himmel, grüne Auen, weiße Berge – Waldhessen schillert in vielen Farben.

Neue Perspektiven: Eine der schönsten Arten, Waldhessen kennen zu lernen, ist eine Fahrt im Fesselballon.

Grün soweit das Auge reicht: Waldhessen liegt inmitten einer abwechslungsreichen Mittelgebirgslandschaft zwischen Kassel und Fulda. Neben der Festspielstadt Bad Hersfeld laden das romantische Rotenburg und die »weißen Berge« in der Umgebung von Heringen, die schon weithin sichtbar vom Salzbergbau künden, zur näheren Erkundung ein.

Bad Hersfeld

33 000 Einwohner ⇢ S. 122, C 16

Wenn alljährlich im Sommer die Festspiele Einzug in der Stadt halten, gerät Bad Hersfeld in eine Art Ausnahmezustand: Restaurants verstärken ihr Personal, Geschäfte haben länger geöffnet, Hotels erhöhen ihre Zimmerpreise. Die Open-Air-Aufführungen locken hunderttausend Zuschauer in die alte Stiftsruine, das Wahrzeichen von Bad Hersfeld. Aber auch in der festspielfreien Zeit ist jede Menge los. Der riesige, als Parkfläche genutzte Markplatz ist der ideale Ausgangspunkt in die großzügig gestaltete Altstadt mit ihren herrlichen Fachwerkbauten und einer intakten Fußgängerzone, in der es sich ausgezeichnet bummeln und einkaufen lässt.

Hotels/Andere Unterkünfte

Hotel am Kurpark ⇢ S. 122, C 16

Seit Ende 2004 gehört das Kurparkhotel denselben Eigentümern wie das Romantik-Hotel Zum Stern. Eine der ersten Maßnahmen war, über die Hälfte der Zimmer und die Eingangshalle zu renovieren. Großer Wellnessbereich mit verschiedenen Saunen, Hamam und 16-m-Pool mit Gegenstromanlage. Vis-à-vis, im Kurpark, liegt die Lullus-Therme.

Am Kurpark 19–21; Tel. 06621/1640; www.kurparkhotel-badhersfeld.de; 83 Zimmer, 11 Suiten ●●●● CREDIT

Romantik-Hotel Zum Stern ⇢ S. 122, C 16

Das Haus im Herzen der Altstadt wurde bereits um 800 errichtet. Innen ist es erstklassig restauriert, die Zimmer sind individuell im Landhausstil eingerichtet, zum Teil mit Fachwerk oder Sandsteinwänden. Schwimmbad und Sauna im Haus. Das Familienunternehmen bietet auch eine empfehlenswerte Gastronomie. Wie wäre es mit »Gratinierten Rehnüsschen mit Steinpilzen, Zwiebellauch und Haselnuss-Fingernudeln«?

Linggplatz 11; Tel. 06677/1890 www.zumsternhersfeld.de; 45 Zimmer ●●● CREDIT

Sehenswertes

Katharinenturm ⇢ S. 122, C 16

Von der Innenstadt auf die Stiftsruine zugehend, stößt man zunächst auf den Katharinenturm. Ursprünglich wollte Abt Meginher im 11. Jh. zwei Türme errichten lassen, die jedoch noch vor Abschluss der Bauarbeiten einstürzten. Vermutlich wurde der »Ersatzturm« deswegen etwas abseits des Klosters platziert. Er beherbergt die Lullus-Glocke, die älteste gegossene Glocke Deutschlands aus dem 11. Jh. Sie läutet heute nur noch zu besonderen Anlässen.

Im Stift; jeden 1. Fr im Monat; anmelden unter Tel. 06621/201274

Stadtkirche ⇢ S. 122, C 16

Seit dem 17. Jh. heißen die Hersfelder »Mückenstürmer«: Eines Abends im Sommer glaubten die Bürger, der Turm der Stadtkirche würde brennen. Sie rückten mit Löschwerk zur Turmspitze vor – und stellten zu ihrem Erstaunen fest, dass der alarmierende »Rauch« nichts anderes als ein dichter Schwarm Mücken war.

Die Kirche stammt aus dem 14. Jh. Im Eingang des Turms finden sich zwei Steine, als Dank an Schuh- und Tuchmacher der Stadt. Beide Zünfte finanzierten im Mittelalter den Turmbau.

Kirchplatz; Mo 8–16, Di–So 8–17 Uhr

Stiftsruine ⇢ S. 122, C 16

Die Basilika des ehemaligen Benediktinerklosters ist mit 103 m Länge die größte romanische Kirchenruine nördlich der Alpen. Das Querhaus misst 55 m in der Breite und 23 m in der Höhe.

Die Klosterkirche wurde zwischen den Jahren 831 und 850 errichtet, ihre heutige Form stammt aus dem 12. Jh. 1606 wurde die Abtei aufgelöst. Im Siebenjährigen Krieg brannten die Franzosen die Stiftskirche mit allen darin gelagerten Vorräten nieder, um zu verhindern, dass diese zur Beute der heranstürmenden Truppen Ferdinand von Braunschweigs werden.

Im Stift; 15. März–30. Apr., 10. Sept.–31. Okt. Di–So 10–12, 14–16 Uhr

MUSEUM

Museum Stadt Bad Hersfeld

⇢ S. 122, C 16

Im gut erhaltenen Klostergebäude neben der Ruine präsentiert das Museum auf drei Etagen die Geschichte der Abtei und der Stadt anhand vieler interessanter Ausgrabungsfunde und Dokumente. Der kunstvolle frühere Altar der Kirche ist ein Replikat, das Original steht im Städtischen Museum in Kassel.

Im Stift 6a; Tel. 0 66 21/7 57 74; Di–So 10–12, 15–17, während der Festspiele zusätzlich 19–20.30 Uhr

ESSEN UND TRINKEN

Garda

⇢ S. 122, C 16

Allein das Gebäude ist eine kleine Attraktion: 1977 erbaut, hat der Künstler Manfred Gruber die Fassade so bemalt, dass das Haus wie eine alte, prächtig verzierte Villa wirkt. Ein perfektes Trompe-l'œil! Die Karte offeriert – neben typisch italienischen Gerichten – auch seltenere Leckereien wie »Panzarotti della Casa«, Pfannkuchen mit Spinat, Mozzarella, Parmaschinken, Spezialsoße und Käse im Ofen überbacken.

Großes Spektakel: Die Stiftsruine dient als stimmungsvolle Kulisse für die berühmten Festspiele in Bad Hersfeld.

Dem Stadtgründer Lullus zu Ehren: ein Brunnendenkmal vor dem Rathaus.

Am Neumarkt 2; Tel. 0 66 21/7 33 22; www.pizzeria-garda.de; Di–So 18–23 Uhr, während der Festspiele tgl. ●●

News Cafe ···› S. 122, C 16

Großes Café, zum Teil mit Ledersesseln, zum Wohlfühlen. Zentral am Linggplatz gelegen. Junges Personal, Publikum je nach Uhrzeit vom Geschäftsmann bis zum Nachtschwärmer. Große Speisekarte.

Linggplatz 17–18; Tel. 0 66 21/91 47 47; www.news-cafe.info; tgl. ab 8 Uhr ●●

Wellness

Lullus-Therme ···› S. 122, C 16

Sauna, Massage, Dampfbäder, Beauty-Behandlung: Auf mehr als 1000 qm bietet die Lullus-Therme im Kurpark neben der Wandelhalle die Möglichkeit zu Entspannung und Pflege. Die Kurverwaltung arrangiert Pauschalangebote ab 50 € (»Relax-Tag« mit Hamam, Odorium und Tageskarte für Sauna und Bad) bis zum »14-Tage-Vital-Gesundheits-Urlaub« ab 430 € mit Krankengymnastik, Massagen oder Kneipp-Anwendungen.

Kurverwaltung, Kurpark; Tel. 0 66 21/ 79 85 00; Mo–Fr 10–12, 14–16 Uhr
Lullus-Therme, Kurpark; Tel. 0 66 21/79 85 20; So, Mo 12–22, Di–Do 10–22, Fr, Sa 10–23 Uhr

Service

Auskunft

Tourist Information ···› S. 122, C 16

Am Markt 1, Bad Hersfeld; Tel. 0 66 21/20 12 74, Fax 20 12 44; www.bad-hersfeld.de/touristik; Mo–Fr 9–17 Uhr (während der Festspiele länger geöffnet)

Ziele in der Umgebung

Friedewald ···› S. 123, D 15

Die kleine Ortschaft (2500 Einwohner) hütet einige Sehenswürdigkeiten, die unterschiedliche Blickwinkel auf die Entwicklung deutscher Kultur erlauben.

16 km von Bad Hersfeld

Hotels/Andere Unterkünfte

Göbel's Schlosshotel Prinz von Hessen

Es gibt nur ein Fünf-Sterne-Hotel in Nordhessen, und das liegt in Friedewald auf dem Schlosshof. Das einzige, was an dem Haus nicht zu stimmen scheint, ist die korrekte Schreibweise des Genitivs im Namen. 1997 wurde der mit historischer Bausubstanz rekonstruierte Neubau eingeweiht. Das bildschöne Interieur verbindet moderne Architektur mit jahrhundertealten Bauelementen. Kurios: die rote »Sieben-Grad-Bar«, in der nahezu alles, Decken, Tresen, Bilder, Ledersessel um sieben Grad gesenkt ist. Die Zimmer? Fünf Sterne eben!

Schlossplatz 1; Tel. 0 66 74/9 22 40; www.goebels-schlosshotel.de; 78 Zimmer, 13 Suiten ●●●● CREDIT

Sehenswertes

Hammundseiche mit Kirchenruine

Gegenüber dem Nadelöhr stößt man nach 15 Min. Gehweg, mitten im Wald, auf die Überreste eines alten Dorfes, das bereits 1312 als verlassen gemeldet wurde. Im 10. Jh. vom Abt von Hersfeld gegründet, bestand diese Hammundseiche genannte Siedlung vermutlich aus 20 Höfen. Zu erkennen

Heringen

S. 123, E 15

»Land der weißen Berge« nennt sich die Gegend um Heringen (9500 Einwohner). Und tatsächlich: Nähert man sich der Stadt an der Grenze zu Thüringen, erstrahlt ein helles Gebirge – je nach Sonneneinstrahlung weiß, gelb oder auch bräunlich, etwa 220 m hoch und noch keine hundert Jahre alt. In Wahrheit sind die Berge »nur« Halden – das Ergebnis des Salzbergbaus. Die Gegend ist geprägt von einer Landwirtschaft mit handgemalten Hinweisschildern für Ökoprodukte einerseits sowie rein zweckorientierten, turmhohen Produktionsanlagen mit eigenem Eisenbahnanschluss andererseits.

28 km östl. von Bad Hersfeld

Sehenswertes

Erlebnis-Bergwerk Merkers

Die wohl eindringlichste »Reise zum Mittelpunkt der Erde« bietet in Nordhessen die K+S AG an, Betreiber des Kalisalzbaus in der Region: eine Reise 800 m tief unter die Erde. Ein Wandelgang führt durch den »Großbunker« – 250 m lang, 22 m breit, bis zu 17 m hoch –, in dem mitunter Konzerte veranstaltet werden, zum »Goldraum«. Dort versteckte Ende des Zweiten Weltkriegs die nationalsozialistische Regierung die Gold- und Devisenreserven der deutschen Reichsbank sowie Kunstwerke Berliner Museen. Erst 1980 wurde eine 10 m hohe Grotte entdeckt, deren Wände mit schimmernden, bis zu 1 m langen Kristallen besetzt sind. Musik und Lichteffekte verstärken die magische Wirkung der Kristalle. Das Erlebnis-Bergwerk ist ein Besuchermagnet – unbedingt reservieren!

Zufahrtstr. 1, Merkers (von Heringen über Heimboldshausen, Philippsthal, Vacha Richtung Bad Salzungen); Tel. 0 36 95/61 41 01; www.erlebnisbergwerk.de; 1. März–30. Nov. Di–So 9.30, 13.30 Uhr; Eintritt 20 €; 1. Dez.–28. Feb. Di–So 9.30, 13.30 Uhr; Eintritt 18 €

Monte Kali

Die »weißen Berge«, auch »Monte Kali« genannt, sind mit Führung begehbar. Neben Informationen über den Kalirohsalzabbau genießt man einen Blick, der bis zur Rhön, dem Thüringer Wald, Meißner, Knüll und Werratal reicht. Der Aufstieg dauert etwa 15 Min. Eintrittskarten für 3 € und Wegbeschreibung zum 13 km entfernten Berg gibt es im Werra-Kalibergbau-Museum.

Heringen Richtung Bebra, zwischen Bengendorf und Wildeck-Hönebach, abbiegen zur »Monte Kali«-Besucheranlage

Museum

Werra-Kalibergbau-Museum

Auf mehr als 1000 qm führen Computeranimationen und Filme, Maschi-

Die »weißen Bergen« Waldhessens: Von hier genießt man einen herrlichen Blick bis zur Rhön, dem Thüringer Wald, Meißner, Knüll und ins Werratal.

nen und Minerale in die Geschichte der Kaliverarbeitung der Region ein.
Dickesstr. 1; Tel. 0 66 24/91 94 13; www.kalimuseum.de; 1. Apr.–30. Sept. Mo–So 10–12, 14–18, 1. Okt.–31. März Mo–Fr 10–12, 14–17, Sa, So 14–17 Uhr; Eintritt 2,60 €

Kirchheim

→ S. 122, B 16

Kirchheim ist wohl die Stadt mit der größten Medienresonanz in Deutschland – in Relation zu ihrer Einwohnerzahl (4200): Kein Tag vergeht, an dem das Kirchheimer Dreieck, Schnittstelle der A4, A5 und A7, nicht in den Verkehrsmeldungen der Radiosender auftaucht. Doch nur 3 km vom Knotenpunkt entfernt, eröffnet sich mit dem Seepark eine Ferienanlage, die den Besucher jeden Stau vergessen lässt.
15 km von Bad Hersfeld

Hotels/Andere Unterkünfte

Meirotels Seepark
Hinter Reimboldshausen präsentiert sich das Meirotels Seepark mit einer eigenen Lebenswelt: Der Seepark mit dem 10 ha großen Gewässer bietet Wasserski und Sandstrand, Tennis, Badminton, Indoor-Golf, Bad mit Sauna und Whirlpool, Supermarkt und allerlei andere Annehmlichkeiten. Für Gäste, die sich im Urlaub um möglichst wenig kümmern möchten. Das Hotel vermietet Zimmer (mit Seeblick teurer), aber auch Appartements für Selbstversorger.
Tel. 0 66 28/8 80; www.meirotels-seepark.de; 106 Zimmer, 2 Suiten ●●● 145 Ferienhäuser ●● CREDIT

Neuenstein

→ S. 122, B 15

Wer Waldhessen mit dem Auto erkundet, wird an Neuenstein (3500 Einwohner) nicht vorbei kommen: Die Wege von der A7, Anschlussstelle Bad-Hersfeld-West, führen immer an dem Ort vorbei, dessen größte Sehenswürdigkeit laut Touristen-Information Schloss Neuenstein in Sassen sein soll.

Doch das Haus setzt hauptsächlich auf Firmenevents, der Weg nach oben enttäuscht.
12 km von Bad Hersfeld

Essen und Trinken

Landgasthof Hotel Hess
Das Lamm kommt aus eigener Zucht und die Zutaten aus der unmittelbaren Umgebung, schwört Familie Hess, die seit mehr als 100 Jahren das Restaurant und Hotel in Neuenstein-Aua führt: gutbürgerliches Gasthaus mit rustikalem Ambiente und 47 Zimmern. Das Publikum ist gemischt und reicht vom Einheimischen (überwiegend) bis zu internationalen (schwedischen und englischen) Gästen, zumindest beim Besuch des Autors.
Geistalstr. 8; Tel. 0 66 77/9 20 80; www.landgasthof-hess.de; tgl. 6–24 Uhr ●● CREDIT

Café Inspiration
Gut getarnt: Die ehemaligen Stallungen von Schloss Neuenstein wirken wie ein altes Bauernhaus, und wenn die Hinweisschilder auf dem Hof nicht wären, würde sich kaum jemand hinein trauen. Doch keine Schwellenangst: Das Café Inspiration begrüßt Gäste, die es sich in den unterschiedlichen Zimmern zwischen Bücherregalen und Trennwänden auf Sesseln und Sofas bequem machen und sich bei Kaffee und Kuchen oder einer Vesperplatte eine Pause gönnen. Urig!

Übrigens: Nebenan, im dazugehörigen Auktionshaus Hess, werden Antiquitäten, Porzellan und Gläser verkauft.
Nähe Auktionshaus Hess bei Raboldshausen, im Antikhof Domäne 2, Neuenstein; Tel. 0 66 77/4 72; Mo, Di 14–18, Do, Fr 14–18, Sa, So 11–18 Uhr ●

Werra-Meißner-Land

Der Hohe Meißner lockt das ganze Jahr über Besucher. Selbst Frau Holle hat hier ihr Revier.

Frühlingserwachen: Wenn die Kirschbäume ihre ganze Blütenpracht entfalten, zeigt sich die Region um Witzenhausen von ihrer reizvollsten Seite.

Der geheimnisumrankte Hohe Meißner mit seinen 754 m ist die Hauptattraktion dieser Region, die wunderbare Wander- und Radtouren ermöglicht, aber auch als Skirevier mit wohl präparierten Langlaufloipen aufwartet.

Nicht minder reizvoll sind die Ortschaften Eschwege, Witzenhausen und Bad Sooden-Allendorf, die dank der intakten historischen Stadtkerne ihren mittelalterlichen Charme bewahrt haben.

Eschwege

23 500 Einwohner → S. 123, E 13

Am Cyriakusberg, der höchsten Erhebung der Stadt, zeigt sich das Städtchen Eschwege auf seine bezauberndste Weise. Zur einen Seite fällt der Blick auf die Werra, die gemächlich durch die Stadt fließt, auf der anderen Seite zeugen die Fachwerkbauten von einer ruhmreichen Geschichte, die Eschwege im 16. Jh. wirtschaftliche Blüte bescherte: Tuchhändler und Kaufleute, Weber und Lohgerber sorgten über lange Zeit für erheblichen Wohlstand in der – nach Kassel – wichtigsten Gewerbestadt der Landgrafschaft.

Die Existenz der Stadt ist eng mit zwei Frauenzimmern verbunden: Theophano, eine der mächtigsten Frauen im Mittelalter, bekam nach dem Tode ihres Mannes, Kaiser Otto II., das Reich und die Siedlung des späteren Eschwege vermacht. Ihre Tochter Sophia gründete um das Jahr 1000 auf dem Cyriakusberg ein Kanonissenstift. Gemeinsam mit der damals schon bestehenden Kaufmannssiedlung begründeten sie den Aufschwung der Region.

Heute ist Eschwege mit seinen zahlreichen Geschäften, der Fußgängerzone und den prächtig herausgeputzten Fachwerkhäusern das kulturelle und kommunale Zentrum des Werra-Meißner-Kreises.

Hotels/Andere Unterkünfte

Hotel Schloss Wolfsbrunnen

→ S. 123, E 13

Imposant thront Schloss Wolfsbrunnen über dem bewaldeten Hang und dem kleinen Ort Schwebda. Zwischen 1904 und 1906 im Stil der Neurenaissance erbaut, wurde es in den 80er Jahren zum Hotel (mit Sauna und Schwimmbad) ausgebaut. Eine elegante Freitreppe führt in den Park. Das Ambiente ist herrschaftlich, die Zimmer modern, die hohe Empfangshalle beeindruckend.

Meinhard-Schwebda; Tel. 0 56 51/30 50; www.schloss-wolfsbrunnen.de; 63 Zimmer, 1 Suite ●● MASTER VISA

Seidenbergers Bahnstation

→ S. 123, E 13

Den ehemaligen kleinen Bahnhof auf dem Land, nur wenige Kilometer östlich von Eschwege Richtung Wanfried gelegen, betreibt Gisela Seidenberger heute als Ferienhaus. Als ausgebildete Ayurveda-Therapeutin bietet sie – neben ganzheitlicher Ernährung – auch Massagen und Allergieberatung an.

Bahnhof 2, Meinhard-Schwebda; Tel. 0 56 51/33 07 40; www.seidenbergers-bahnstation.de; 1 Zimmer, 1 Appartement ●●

Zur Krone → S. 123, E 13

Seit mehr als 150 Jahren ist das Gasthaus in der Altstadt im Besitz der Familie Brill. Die Zimmer im schönen, weinumrankten Fachwerkhaus von 1720 sind mit geschmackvollen Möbeln im Bauernhausstil ausgestattet.

Das Restaurant setzt auf regionale Besonderheiten: »Alt-Eschweger Kartoffelsuppe« (mit Kräuterschmandhaube), »Duckefett« (Kartoffelklöße gefüllt mit »Ahle Worscht«) oder lokale Wurstspezialitäten auf »Dietemanns Vesperplatte«.

Stad 9; Tel. 0 56 51/3 00 66; www.altstadtgasthof-krone.de; 11 Zimmer, 4 Appartements ●● CREDIT

Spaziergang

Der einstündige Spaziergang durch Eschweges historische Altstadt beginnt am **Nikolaiturm**. 160 Stufen führen auf fast 48 m Höhe und eröffnen einen wunderbaren Blick auf den Ort und sein Umland.

Über die Nikolaigasse gelangt man ins Herz der Altstadt und in die Fußgängerzone, Stad genannt. Dem Stad folgend kommt man rechts am **Raiffeisenhaus** und links, an der Ecke zum Mühlgraben, am **Haus Hinske** vorbei – beide vorbildlich restaurierte Fachwerkbauten. Die Flachschnitzereien am Raiffeisenhaus stammen aus dem 17. Jh. Den Stad weitergehend, biegt rechts die Berggasse ab und mündet in die Straße Vor dem Berge, die auf dem Schulberg, dem früheren Cyriakusberg, endet. Von hier bietet sich eine weite Sicht auf die Werra und den Werratalsee bis hin zum Thüringer Land. Hier steht der **Karlsturm** (12. Jh.), ein Überbleibsel des Benediktinerklosters St. Cyriakus. Unterhalb des Turms befindet sich das frühere **Hochzeitshaus** (1578) mit einem Treppenturm an der Südseite. Im Dreißigjährigen Krieg diente es, nachdem das alte zerstört worden war, jahrzehntelang als Rathaus.

Folgt man der Straße, liegen rechts das **Stadtmuseum** und dahinter die Kirchgasse, die zum östlichen Ende des Marktplatzes führt. Auf der linken Seite steht die **Marktkirche St. Dionys**, auch als Altstädter Kirche bekannt, aus dem Jahr 1466. Unter dem Altar der dreischiffigen Sandsteinhalle befindet sich eine Fürstengruft, in der auch Landgraf Friedrich von Hessen beigesetzt ist.

Auf der gegenüberliegenden Seite des Marktplatzes führt die Kirchgasse mit einem Schwenk in den alten Steinweg, von dem die Mittel- und Netergasse abgehen. Es lohnt sich, einen Blick in die Hinterhöfe zu werfen, um die ganze Pracht des Eschweger Fachwerks zu bestaunen. Über den Alten Steinweg geht es zurück zum westlichen Ende des Marktplatzes. Links residiert die Stadtverwaltung in einem schmucken Fachwerkkomplex aus vier Häusern, darunter das **Alte Rathaus** (Baubeginn 1650) und das **Neue Rathaus** von 1845, das in die Fußgängerzone Obermarkt mündet.

Sehenswertes

Bismarck-Turm ⇢ S. 123, E 13

Auf dem Großen Leuchtberg (319 m) errichtete Anfang des 20. Jh. eine Initiative Eschweger Bürger den Bismarck-Turm. Vom Aussichtspodest, in 21 m Höhe, genießt man einen hervorragenden Rundblick über Stadt und Land.

Cyriakusstr. bis Parkplatz,
20 Min. Fußmarsch bis zum Turm

Dietemann-Kunstuhr im Landgrafenschloss ⇢ S. 123, E 13

Im Turm des Pavillons an der Ostseite des Landgrafenschlosses, das heute als Verwaltungsgebäude dient, ist die so genannte Dietemann-Kunstuhr eingebaut. Zu jeder vollen Stunde bläst der Dietemann (das Wahrzeichen Eschweges) in sein Horn. Landgraf Friedrich initiierte 1650 dieses kleine Kunstwerk als Reminiszenz an jene Dietemänner, die früher für den Schutz der Handelsstraßen und der Bürger in Eschwege sorgten.

Schlossplatz 1; www.eschwege.de

Werratal-See bei Eschwege ⇢ S. 123, F 13

Ein Geheimtipp für Segler und Surfer. Der 85 ha große See, am Fuße des Leuchtberges, ist eine Oase der Erholung in Stadtnähe – trotz der kleinen Liegefläche. Schade jedoch: Der dortige Windsurf- und Segelverein verleiht keine Sportgeräte.

Ortsausgang Richtung Meinhard-Grebendorf

Museum

Eschweger Zinnfigurenkabinett ⇢ S. 123, E 13

Auf fünf Etagen werden herausragende Ereignisse der Weltgeschichte und der

Stadt im Miniaturformat präsentiert. Fast 12 000 Zinnfiguren (zwischen 1,2 und 90 mm klein) stellen 200 Szenen nach – beispielsweise Nonnen im Eschweger Kloster, Ritterturniere, mittelalterliche Schiffe oder Begebenheiten aus dem Dreißigjährigen Krieg.
Hospitalstr. 7 (In der Kemnate); Tel. 0 56 51/33 19 85 (Tourist Info); Mi, Sa, So 14–17 Uhr; Eintritt 2 €

Essen und Trinken

Landgasthof Bierschenk

→ S. 123, E 13

Beim Bierschenk in Oberdünzebach, knapp 4 km südöstlich von Eschwege, gibt es keine Speisekarte. Die Wirtin berät persönlich: Drei warme und ein paar kalte Speisen bietet der Landgasthof täglich an. »Alles frisch zubereitet« wie die Chefin versichert. Viele Eschweger schwören auf den »besten Schmand« der Umgebung.
Hauptstr. 67, Oberdünzebach; Tel. 0 56 51/6 09 52; www.landgasthof-bierschenk.de; Fr–Mi 10–24 Uhr ●●

Schlosshotel Eschwege

→ S. 123, E 13

Barock speisen: Über eine breite Treppe, ausgelegt mit einem roten Teppich, gelangt man durch die prächtige Vorhalle in das antik eingerichtete Restaurant. Der Küchenchef empfiehlt in der Saison Wildgerichte, etwa »Hirschbraten auf Rotweinsoße mit Brombeerrotkohl« oder als hessische Variante mit Waldpilzsuppe und Roter Grütze.

Das Haus bietet auch 24 Gästezimmer (●●) – der edle Eindruck im Foyer wird allerdings durch das Interieur der Zimmer etwas getrübt.
Forstgasse 2; Tel. 0 56 51/7 03 45; www.schlosshotel.eschwege.de; Di–Sa 18–23 Uhr, So nur auf Vorbestellung ●● AmEx MASTER VISA

Wiener Café

→ S. 123, E 13

Zentral gelegen am Stad kann man an der Glasfassade sitzend Leute beobachten und selbst gebackenen Kuchen essen.
Marktstr. 1–3; Tel. 0 56 51/7 03 62; Mo–Do 9–20, Fr, Sa 9–1, So 9.30–20 Uhr ●

Einkaufen

Eschweger Regionalwaren Metzgerei Happel

→ S. 123, E 13

Garantiert aus Eschwege und Umland: Inhaber Stefan Happel versorgt seine Kunden mit »Bismarckschmaus«, einer Kräuterleberwurst, »Weckewerk« (Schweinekopffleisch mit Schwarten und Zwiebeln) oder Wurstgulasch, aber auch mit Leckereien wie »Gebackener Honigschinken in Kreuzkümmelsoße«.
Herrengasse 14; Tel. 0 56 51/33 13 70; Mo–Fr 7–13, 15–18, Sa 7–13 Uhr

Deftig und gut: Hausgemachte Wurstwaren sind eine Spezialität in Nordhessen.

Grambamboli

→ S. 123, E 13

Der Tee- und Weinladen führt unter »Spirituosen« Spezialitäten aus der Region: z. B. »Eschweger Goldwasser«, einen Likör versetzt mit Blattgold, um einen – wie es heißt – leichten Orangengeschmack zu erzielen, oder den »Dietemann-Tropfen«, einen Kräuterlikör. Für Freunde härterer Kaliber gibt es »Eschweger Kirsch«, einen Sauerkirschlikör mit Whisky.
Stad 10; Tel. 0 56 51/7 06 71; Mo–Fr 9.30–18.30, Sa 9–14 Uhr

Startklar? Wenn das Wetter mitspielt, ist Ballonfahren noch schöner als Fliegen.

Sport und Freizeit

Ballonfahrten bringen neue Perspektiven: In 400 bis 500 m Höhe das Leben in Eschwege oder im Umland zu beobachten ist ein unvergessliches Erlebnis. Nur bei geeignetem Wetter!
Ballonclub Werra-Meißner Eschwege;
Tel. 05651/5522;
www.ballonclub-eschwege.de;
Ende Apr.–Ende Sept.; 170 € (1 Std.)

Service

Auskunft

Tourist-Information Eschwege-Meißner-Meinhard-Wanfried

---> S. 123, E 13

Hospitalplatz 16; Eschwege;
Tel. 05651/331985; Fax 50291;
www.werratal-tourismus.de
www.eschwege.de und

Ziele in der Umgebung

Bad Sooden-Allendorf

---> S. 119, E 8

10600 Einwohner

8 Bad Sooden glänzt mit einem liebevoll restaurierten Stadtkern. Ein großzügig angelegter, runder Kurpark, die romantischen Straßen und Gassen und die vielen mit Blumen geschmückten Fachwerkhäuser machen den Charme des mehr als 1200 Jahre alten Ortes – einst Zentrum der Salzgewinnung – aus. Dieser Eindruck versöhnt mit den verkehrsreichen Umgehungsstraßen, die man passieren muss, um das Kleinod zu entdecken. Allein die Lage fasziniert: Die Topografie des Großen Hain, an den Flussauen zwischen Thüringer Wald und Hohem Meißner gelegen, zwang die Bewohner, Kirche, Häuser und Straßen den Hang entlang zu bauen.
15 km von Eschwege

Hotels/Andere Unterkünfte

Berggasthof Ahrenberg

Hier dürften auch sensible Gemüter ruhig schlafen: Das Haus steht auf keiner Wasserader, im Bereich der Betten befinden sich keine Spiegel, und an einem Zentralschalter kann der Strom abgeschaltet werden, um Elektrosmog zu vermeiden.

Hin und wieder weht Heuduft durch das Treppenhaus.
Auf dem Ahrenberg 5;
Tel. 05652/95730;
www.hotel-ahrenberg.de;
25 Zimmer ●● CREDIT

Waldhotel Soodener Hof

Direkt am Wald liegt das Hotel mit Sauna und Swimmingpool. Alle Zimmer sind im Country-Style eingerichtet, manche mit Balkon. Tipp: Ein Zimmer mit Blick auf die Stadt wählen.
Hardtstr. 7; Tel. 05652/9560;
www.waldhotel-soodener-hof.de; 44 Zimmer, 2 Suiten ●● DINERS MASTER VISA

Gasthaus Klosterschänke

Kleines, günstiges Hotel mit Standard-Komfort hinter dem Söder Tor gelegen. Gemütliches Restaurant in der Fußgängerzone, das auch Plätze im Freien bietet.
Am Thor 3; Tel. 05652/2388;
4 Zimmer ●

Naturhaus Alte Hainsmühle

Doris Stephan ist Heilpraktikerin und bietet in einer früheren Wassermühle individuelle Therapien an. Aber auch ohne Indikation kann die Einsiedelei mit dem Pferdehof ein Quell der Erholung sein.

Moderne Zimmer mit Naturholzmöbeln. Die Mühle liegt zwischen Allendorf und Asbach.

Asbacher Landstr. 20, Tel. 05652/2047 und 2049; www.hainsmuehle.de; 2 Ferienwohnungen ●

Sehenswertes

Gradierwerk

Gradierwerke – das hiesige stammt aus dem Jahr 1638 – sind Holzgerüste zur Salzgewinnung, die mit Reisig- oder Schwarzdornbündeln gefüllt sind. Früher wurde die Sole, eine Salz-Wasserlösung, in das Gradierwerk geleitet, damit Sonne und Luft das Verdunsten des Wassers beschleunigen, so entstand Speisesalz. Heute nutzt man die heilenden Kräfte der Sole: Inhalieren der salzhaltigen Luft hilft vor allem bei Erkrankungen der Atemwege.

Am Gradierwerk, vor der Altstadt Bad Soodens

Gut für die Atemwege: Die Luft am Gradierwerk ist salzhaltig.

Kammerbacher Höhle

Der Hohlstein – 50 m lang, 20 m breit, 12 m hoch – ist der größte Höhlenraum Hessens und mythenumrankt. Hier, so weiß es die Sage, lebte einst Frau Holle. Das Wasser des Höhlensees soll »heilen, verjüngen und die Schönheit erhalten«. Doch fast scheint es, als würden missgünstige Geister häufig den Zugang zur Höhle versperren. Daher sollten sich Besucher bei der Unteren Naturschutzbehörde erkundigen, ob und wann das Naturdenkmal zugänglich ist.

Zwischen Kammerbach und Hilgershausen; Eschwege (Tel. 05651/30225 75 o. 30225 10); 16. Mai–14. Sept.

Söder Tor

Das Söder Tor, Bad Soodens Wahrzeichen mit der Sonnenuhr, wurde 1705 errichtet, um alle Transporte zu überwachen und den Salzschmugglern das Handwerk zu legen. Heute dient es als Eingang ins Salzmuseum.

Neben Rosenstr. 1

Museen

Grenzmuseum Schifflersgrund

Etwa 4 km östlich von Allendorf Richtung Sickenberg, an einem ehemaligen Beobachtungsturm der DDR, eröffnete 1991 das Grenzmuseum. Es dokumentiert die Grenzsicherungsanlagen des »anderen« Deutschland. In fünf Räumen werden die systematische Abriegelung der Sowjetzone ab 1945 und die spätere deutsch-deutsche Teilung aufgezeigt. Im Außenbereich sind – gleichsam als Mahnmal – ein originales Durchlasstor und Modelle von Splitterbomben zu besichtigen.

Asbach-Sickenberg; Tel. 036087/98409; www.grenzmuseum.de; 1. März–31. Okt. tgl. 10–17, 1. Nov.–28. Febr. Mo–Fr 10–16, Sa, So 13–16 Uhr; Eintritt 2,50 €

Salzmuseum

Die Geschichte Bad Soodens ist eng mit dem »weißen Gold« verknüpft. Mitte des 16. Jh. zählte das Salzwerk

Sooden zu den wichtigsten Salinen in Deutschland. Das Museum rekonstruiert mit Modellen, Arbeitsgeräten und Dokumenten den Salzabbau in der Stadt. Nach dem Sieg Preußens über Hessen (1866) fiel das Salzmonopol; 1906 wurde das letzte Werk geschlossen.

Rosenstr. 1–3, Eingang über das Söder Tor; Tel. 0 56 52/95 87 16 und 41 07; http://salzmuseum.heimatkunde-bsa.de/museum.html; 1. Apr.–31. Okt. Mi, Sa, So 14–17, 1. Nov.–31. März Mi, So 14–17 Uhr; Eintritt 1 €

SERVICE

Auskunft

Tourist-Information

Landgraf-Philipp-Platz 1–2, Bad Sooden-Allendorf; Tel. 0 56 52/95 87 18; www.bad-sooden-allendorf.de, 1. Apr.–31. Okt. Mo-Fr 9–18, Sa 9–12, 1. Nov.–31. März Mo–Fr 9–18 Uhr

Hoher Meißner S. 119, D 8

Der Hohe Meißner, auch »König der hessischen Berge« genannt, beschäftigt seit Jahrtausenden die Menschen im Umland. So belegen archäologische Funde, dass der höchste Berg 9 Nordhessens (754 m) schon vor Christi Geburt eine Kultstätte war. Der Volksmund schrieb den Berg »Frau Holle« zu. In einem Schriftstück aus dem Jahr 1683 heißt es vielsagend: »In dem [...] Amt liegt ein großer Pfuhl oder See, [...,] wird Frau-Höllen-Bad genannt, weil der Akten Bericht nach ein Gespenst in Gestalt eines Weibsbildes in der Mittagsstunde sich darinnen habe badend sehen lassen und hernach wieder verschwunden sein soll.« Anfang des 19. Jh. greifen schließlich auch die Brüder Grimm die Geschichten um Frau Holle in ihren Märchenerzählungen auf und verweisen in einer Fußnote auf die hübsche Metapher: »Darum sagt man in Hessen, wenn es schneit, die ›Frau Holle‹ macht ihr Bett.«

Wurde sie so gesichtet? Skulptur der »Frau Holle« am wundersamen Teich.

Die Einheimischen zeigen auch heute noch »Eigen Sinn«, wenn es um »ihren« Meißner geht: 1977, drei Jahre bevor die Partei der Grünen gegründet wurde, verhinderte eine Bürgerinitiative den Abbau der Kohle – der von 1578 bis 1974 hier betrieben wurde – erneut aufzunehmen. Und noch 2004 protestierten engagierte Bürger, allerdings ohne Erfolg, gegen eine überlebensgroße »Frau-Holle«-Skulptur mit Model-Maßen – wie Kritiker meinen –, die Marketing-Experten am Frau-Holle-Teich platzierten, um dem Mythos ein Bild zu geben.

Unweit vom »Frau-Holle«-Reich wartet eine weitere Sehenswürdigkeit, die Stinksteinwand: ein Kohleflöz, in der Nähe eines Sees, und Überbleibsel eines Tagebaurestlochs, das seit mehr als 300 Jahren schwelt.

Heute ist der Hohe Meißner das ganze Jahr über eine Attraktion, als Wandergebiet und als Skirevier mit ausgewiesenen Langlaufloipen. Aber Vorsicht! Das Wetter am Hohen Meißner ist unberechenbar: Während im Tal die Sonne scheint, können –

vor allem im Frühling und Herbst – Nebelschwaden über das Basaltgestein ziehen und die Sicht auf wenige Meter reduzieren – als wolle der Berg sein Geheimnis verhüllen.

15 km von Eschwege

Frau-Holle-Teich; von Vockerode kommend am Gasthaus Schwalbenthal rechts Richtung Bad Sooden oder von Bad Sooden kommend, in Kammerbach links abbiegen.

Stinksteinwand: 20 Min. beschilderter Fußweg, ausgehend vom Parkplatz am Frau-Holle-Teich

Witzenhausen S. 119, D 7

18 500 Einwohner

Witzenhausen ist als »Kirschenstadt« bekannt. Ab Ende April, wenn rund 150 000 Kirschbäume ihre Knospenpracht entfalten, scheinen Stadt und Umland in einem weißen Blütenmeer zu schwimmen. Zwar betreiben die meisten »Witzenhäuser« den Anbau nur noch als Nebenerwerb, doch der Ort steht nach wie vor ganz im Zeichen der Frucht: Ein Kirschpärchen ziert das Stadtlogo, wer es auch an Häusern und Kirchen ausmacht, kann sicher sein, eine Sehenswürdigkeit vor Augen zu haben. Witzenhausen ist übrigens Deutschlands kleinste Universitätsstadt. In der Außenstelle der Uni Kassel studieren etwa 700 Hochschüler ökologische Agrarwissenschaften. Der berühmteste Sohn der Stadt ist wohl Jean Jacob Schweppe. Er erfand das Sodawasser und gründete 1792 in London das Unternehmen Schweppes.

30 km von Eschwege

Hotels/Andere Unterkünfte

Burghotel Witzenhausen

Das Hotel-Konzept ist ungewöhnlich: Wolfgang Dovidat hat fast jedes Zimmer unter ein Motto gestellt und dementsprechend eingerichtet: Schlafen wie in Afrika in der Malaika-Lodge, eine Märchennacht in der Cinderella-Suite oder doch lieber amerikanisch im Disney-Room? Geschmäcker sind bekanntlich verschieden, daher ist es ratsam, die Räume vorher anzuschauen, zumal nicht alle Zimmer in sich stimmig sind.

Oberburgstr. 10, Tel. 0 55 42/25 06; www.burghotel-witzenhausen.de; 20 Zimmer, 11 Suiten ●● CREDIT

Hof Carmshausen

Der schöne Hof (mit Sauna) bietet Urlaubern an, im Ökohof selbst oder in einem separaten Gästehaus zu näch-

»Bunt sind schon die Wälder, gelb die Stoppelfelder ...« Auch im landwirtschaftlich geprägten Werra-Meißner-Land will die Heuernte rechtzeitig eingefahren sein.

tigen. Nach dem Schwitzbad lockt der Sprung in den angrenzenden Bach. Auf jeden Fall ist man auf dem Hof in tierisch guter Gesellschaft – hier leben Pferde, Rinder, Pfauen und Ziegen. Reitunterricht ist möglich, auch Angeln im Forellenteich.

Kasseler Landstr. 29; Tel. 05542/3214; www.hof-carmshausen.de; 10 Zimmer ●●

SEHENSWERTES

Burg Ludwigstein

Nahe der Bundesstraße nach Bad Sooden-Allendorf führt ein Weg zur Burg Ludwigstein mit dem Zwei-Burgen-Blick zur gegenüberliegenden Burg Hanstein, den man am besten bei Wendershausen genießen kann. Die Legende besagt, sie sei »durch Hilfe des Teufels und der schwarzen Kunst in einer Nacht auferbauet«. Tatsächlich wurde sie ab 1415 – und ganz sicher nicht in einer Nacht vom Landesfürsten errichtet (auch wenn der genaue Zeitpunkt der Vollendung ungewiss ist). Heute ist sie Sitz der deutschen Jugendbewegung mit Herberge, Schwimmbad und Tagungsstätten. Besuchern stehen die Torklause mit umfassenden Informationen und der Turm offen. Führungen auf Anfrage.

B27 zwischen Witzenhausen und Bad Sooden-Allendorf; Tel. 05542/501710; www.burgludwigstein.de; Mo–So 9–16 Uhr; Eintritt frei

Liebfrauenkirche

Im 13. Jh. als spätromanische Basilika errichtet, ist aus jener Zeit nur noch der Turm erhalten. Seine heutige Gestalt mit Türmerwohnung und Haube stammt von 1747. Im selben Jahr wurde mit dem Bau des Walmdaches begonnen, das sich über die drei Schiffe des Langhauses spannt. Die Kirche beherbergt verschiedene Grabmale einflussreicher Familien, darunter jene der von Berlepsch, die bedeutende Persönlichkeiten in Politik, Kirchengeschichte und Ornithologie hervorgebracht haben.

Kirchplatz; Turmbesteigung 1. Mai–30. Sept. So 11.30 Uhr; Eintritt 2 €

Rathaus

An diesem massiven Steinbau mit Turm kommt man in Witzenhausen nicht vorbei. 1819 wurde das Gebäude nach dem letzten Brand zum dritten Mal wieder aufgebaut. Das Glockenspiel im Turm erklingt – zu untypischen Zeiten – um 11 und um 17 Uhr.

Am Markt 1; Tel. 05542/5080

Ferien auf dem Bauernhof: Tiere gehören auf Hof Carmshausen quasi zum Inventar.

Museen

Gewächshaus für tropische Nutzpflanzen
Das Institut für Nutzpflanzenkunde der Uni Kassel beschert Witzenhausen mit dem Gewächshaus eine kleine Attraktion. Es ist das größte seiner Art in Deutschland. Im Palmen-, Kakao- und Kaffeehaus sowie in der Orangerie wachsen unter den entsprechenden klimatischen Bedingungen tropische und subtropische Pflanzen.
Steinstr. 19; Tel. 0 55 42/98 12 31; Mi, Fr–So 14–16 Uhr (Sa mit Führung)

Völkerkundliches Museum
Das Völkerkundemuseum ist das zweitgrößte Hessens und wartet mit mehr als 1200 Exponaten aus Afrika, Ozeanien, Mittel- und Südamerika auf.
Steinstr. 19; Tel. 0 55 42/6 07 21; 1. Apr.–31. Okt. Mi 15–17, So 15–17 Uhr; Eintritt 2,50 €

Essen und Trinken

Berggasthof am Bilsteinturm
Doppelt belohnt werden Wanderer nach dem Marsch zum Bilsteinturm bei Großalmerode: Zum einen kann man bei klarem Wetter von der Rhön bis zum Harz blicken, zum anderen bietet Käthe Pschierer in ihrem Berggasthof köstliche Kuchen und kleine Stärkungen für den Rückweg an. Bis zum Parkplatz am Waldrand dauert die Wanderung etwa 40 Min.
Kohlenstr. (über Gut Giesenhagen), Großalmerode; Tel. 0 56 04/60 11; 1. Mai–31. Okt., Di–So, 12 Uhr, jeweils bis Einbruch der Dunkelheit ●●

Gasthaus Zur Krone
Eingang in die Historie fand die Krone, als dort Jacob Grimm und zwei weitere Professoren der »Göttinger Sieben« von begeisterten Studenten empfangen wurden, nachdem sie von König Ernst August von Hannover 1837 ihres Amtes enthoben worden waren. Die landesweite Empörung auf die Demission gilt als Renaissance des Liberalismus in Deutschland. Heute frönt man in diesem gutbürgerlichen Restaurant unter schweren Fachwerkbalken hauptsächlich leiblichen Genüssen.
Kespermarkt 11; Tel. 0 55 42/22 78; Do–Di 11–1 Uhr ●●

Schinkels Back- und Brauhaus
Hessens erste Öko-Brauerei zapft seit 1997 in Witzenhausen. Rainer Schinkel verwendet ausschließlich ökologisch angebaute Zutaten für die Herstellung seines Bieres. Das Gasthaus liegt neben der Burg und bietet im Biergarten Platz für 90 Gäste.
Oberburgstr. 20; Tel. 0 55 42/91 12 10; www.schinkels-brauhaus.de; Mo–Do 17–1, Fr, Sa 10–14, 17–1, So 7–1 Uhr ●●

Zur Warte
Das Hotel und Restaurant hat sich einen guten Namen in Witzenhausen gemacht. Regionale und saisonale Küche, alles garantiert frisch zubereitet. Empfehlenswert – die Fischgerichte.
Warteweg 1, Dohrenbach; Tel. 0 55 42/30 90; www.hotelzurwarte.de; Ostern–31. Okt. 12–22, 1. Nov.–Ostern 12–14, 17–22 Uhr, Sa/So durchgehend geöffnet ●● AmEx MASTER VISA

Einkaufen

AGU
Der Laden der Absatzgenossenschaft Unterrieden, kurz: AGU, verkauft so ziemlich alles, was sich aus Kirschen herstellen lässt, Tees, Liköre, Whiskys, Säfte, Kirschkernkissen, außerdem Holunderprodukte, Gläser und vieles mehr.
Ludwigsteinstr. 6, Unterrieden; Tel. 0 55 42/30 57; Mo–Fr 9–13, 15–18, Sa 9–12 Uhr

Service

Auskunft
Tourist-Information
Ermschwerder Str. 2, Witzenhausen; Tel. 0 55 42/6 00 10, Fax 60 01 23; www.kirschenland.de; Mo 10–16, Di–Fr 9–18, Sa 9.30–12.30, So 11–15; Winter: Di–Fr 9–17 Uhr

Routen und Touren

Wenn das Laub sich golden färbt: Die Naturschönheiten der Region, wie hier bei Kloster Haydau, sind das Ziel von Naturliebhabern aus ganz Europa.

Nordhessen genießen: auf dem Rad die Schätze der Landschaft erkunden, zu Fuß die Geheimnisse des Kellerwalds entdecken und die Faszination des Edersees erleben.

Radtour im Werra-Meißner-Land – von der Kirschenstadt zur Burg Hanstein

Charakteristik: einfache Radtour (25 km) für die ganze Familie mit Besuch der Burg Hanstein; **Dauer:** ca. 3 Std.; **Einkehrmöglichkeit:** Klausenhof Bornhagen; Unterm Hanstein, Bornhagen; Tel. 03 60 81/6 14 22; 1. März–31. Dez. tgl. ab 9 Uhr; **Auskunft:** Tourist-Information; Ermschwerder Str. 2, Witzenhausen; Tel. 0 55 42/6 00 10, Fax 0 55 42/60 01 23; www.kirschenland.de; Mo 10–16, Di–Fr 9–18, Sa 9.30–12.30, So 11–15; Winter: Di–Fr 9–17 Uhr; **Fahrradverleih:** in vielen Hotels und auf dem Campingplatz Werratal, Am Sande 11; Tel. 0 55 42/14 65

Start am Rathaus Witzenhausen

Die schönste Zeit für diese Radtour sind April und Mai, wenn die rund 150 000 Kirschbäume um Witzenhausen in voller Blüte stehen. Wären da nicht die saftigen Wiesen und grünen Wälder, könnte man glauben, »Frau Holle« habe im Märchenland Werra-Meißner ihre Betten just über den Ästen der Bäume ausgeschüttelt.

Die Tour startet am Markt in Witzenhausen. Zuvor sollte man einen Blick auf das **Rathaus** werfen, das im 19. Jh. nach einem Brand neu aufgebaut wurde. Die Westseite blieb damals verschont und trägt noch immer die schönen Verzierungen aus der Zeit um 1600.

An der Ostseite beginnt die Steinstraße und führt in die Gasse Am Steintor, an deren Ende es links in den Weg Am Strande geht, vorbei am Bürgerhaus und am Schwimmbad. 50 m weiter nach der Bahnunterführung verläuft der Radweg links über eine Holzbrücke der Werra nach **Unterrieden**, das bereits mitten im Kirschanbaugebiet liegt.

Impressionen im Werra-Meißner-Land: Blühender Raps, sanfte Hügel, stille Weite, ein einsames Gehöft.

Danke Gnädigste: Bei Hitze sollten jene zuerst trinken, die es nötiger haben.

Von Unterrieden nach Bebenroth

Über die Mühl- und Kirchstraße biegt die Route an der Sporthalle links ab. Hinter der Unterführung der Bundesstraße steigt der Weg leicht an und führt an **Bebenroth** vorbei. Hier ist ein wenig Konzentration gefordert, denn der Weg ist mit Kopfsteinpflaster asphaltiert und geht ziemlich steil bergab. Dann die nächste asphaltierte Straße links abbiegen und nach **Bornhagen** fahren.

Die Gemeinde mit 415 Einwohnern zählt bereits zum thüringischen Landkreis Eichsfeld. Nicht zu verfehlen sind die Kirche in der Ortsmitte und die Ruine der **Burg Hanstein**.

Bornhagen und Burg Hanstein

Für die Auffahrt zur Burg muss man gehörig in die Pedale treten, wird aber nach dem Aufstieg auf den Burgturm mit einem schönen Blick ins südliche Niedersachsen und das nordhessische Bergland belohnt. Einkehren kann man unterhalb der Burg in dem historischen Gehöft Herberge Klausenhof. Die Wurstspezialitäten »Stracke« und »Feldgieker« stellt Wirt Klaus Röhrig selbst her.

Von der Kirche geht es weiter zum Ortsende und dort steil bergab nach Hessen zurück. Hinter der Bahnunterführung biegt eine Landstraße durchs liebliche Werratal nach **Werleshausen** links ab. Der 500 Einwohner zählende Stadtteil von Witzenhausen besteht aus einem sehenswerten Fachwerkkern, dessen Mittelpunkt der Dorfanger mit seinem von Linden bestandenen früheren Gerichtsplatz bildet. Dort, in der Bornhagener Straße, führt die Route bis zur B 27. Diese überqueren und links weiterfahren, über die Werrabrücke hinüber und danach rechts abbiegen auf die Landstraße nach **Wendershausen**.

Wendershausen und der »Zwei-Burgen-Blick«

Auf diesem Abschnitt kann man den berühmten »Zwei-Burgen-Blick« genießen, bei dem sich die thüringische Burg Hanstein und die hessische **Burg Ludwigstein** wie zwei feindliche Bollwerke gegenüberstehen.

In der Eschweger Straße führt kurz vor dem Dorfausgang der Radweg durch die Aue zurück nach Witzenhausen.

Zoom: Burg Hanstein lenkt den Blick auf den Bergfried der Burg Ludwigstein.

Wandern bei Bad Wildungen – die Geheimnisse des Kellerwalds

Charakteristik: ausgeschilderte, leichte Naturerlebniswanderung (14 km) mit Wasserfällen und seltenen Pflanzen; **Dauer:** 3 Std.; **Einkehrmöglichkeit:** Die Hardtmühle, Im Urfftal 7, Bergfreiheit, Tel. 0 56 26/9 22 20; www.hardtmuehle.de; **Auskunft:** Kur- und Touristik Service Bad Wildungen, Brunnenallee 32–34; Tel. 08 00/7 91 01 00; **Besucherbergwerk Bertsch**, Kellerwaldstr., Bergfreiheit; Tel. 07 00/23 74 93 75; 1. Feb.–30. Nov. Do–So 14–16 Uhr; Eintritt 2,50 €

Von der Stahlquelle in den Talgraben

Die Wanderung beginnt auf der Kreisstraße Pärner Weg. Zwischen Reinhardshausen und Odershausen, südlich von Bad Wildungen liegt auf halber Strecke ein Waldparkplatz.

Hier führt der Barbarossaweg (Markierung X 8) in das **Naturschutzgebiet** Talgraben und nach nur wenigen Metern zur Stahlquelle, einer von vielen Bad Wildunger Heilquellen. Etwas »reiner« im Geschmack ist das Wasser der Talquelle, die einige hundert Meter tiefer im Talgraben zu finden ist. Je weiter man in den Talgraben vordringt, umso mächtiger erheben sich an beiden Seiten des Baches die steil emporragenden Felswände. Nach ungefähr 1 km geht es auf dem Barbarossaweg rechts hinauf zu den Wasserfällen im **Naturschutzgebiet Sondertal,** in dem der Fluss Sonder ein einzigartiges Kerbtal mit Wasserfällen geschaffen hat. Die Gegend ist bekannt für ihre vielen flinken Feuersalamander.

Wassertreten am Kaltebornbach

In Odershausen folgt man der Hauptstraße und erreicht den ehemaligen Feuerlöschteich sowie die Diabasklippen direkt am Ortsrand.

Die Tour führt linksseitig des Kaltebornbaches schon bald zum Renaturierungsgebiet An der langen Wiese. Auf einer Grünlandbrache werden Hochwasser- und Naturschutz, Land-

Still und leise ruht der See: Blick vom Nationalpark Kellerwald-Edersee auf das Herz des Waldecker Lands im Herbst.

Gesund und erfrischend: Wassertreten, wie es schon Sebastian Kneipp empfahl.

schaftsästhetik und Umweltbildung vorbildlich miteinander verbunden. Ein künstlich angelegter Damm und die teilweise Rückführung des Bachlaufs in sein altes Flussbett schaffen die nötigen Rückhalteflächen, wenn der Wasserspiegel einmal zu hoch steigen sollte.

Ein paar Meter weiter – an der Wassertretanlage – bietet sich Gelegenheit, im Flussbett des Kaltebornbaches die erfrischende Wirkung einer kleinen Kneippkur zu spüren.

Süntelbuchen und das »Teufelsholz«

Vor der bald folgenden Umgehungsstraße sollte die erst beste Gelegenheit genutzt werden, die Bachseite zu wechseln. Von da an führt der Weg auf dem Studentenpfad (Markierung X13) bis zur **Jägersburg**. Das Vogelschutzgebiet und Naturdenkmal »erbte« den Namen von jener Burg, die der Landesfürst 1718 zur Jagd errichten ließ, die aber 1857 bereits abgerissen wurde.

Von hier aus lohnt sich ein kleiner Abstecher zu den **Süntelbuchen**. Sie stammen aus dem Süntelgebirge südwestlich von Hannover und wurden früher als »Teufelsholz«, in dem Dämonen wohnen, gebrandmarkt und daher rücksichtslos abgeholzt. Charakteristisch ist der tief verankerte, schlangenförmige Wuchs ihrer Äste.

Das idyllische Urfftal

Nächste Etappe ist der Odershäuser Forstpflanzgarten, in dem eine Hütte zum Verschnaufen einlädt. Hinter dem Garten stößt der Weg auf einer Höhe an eine Kreuzung. Halblinks geht es nach 30 m hinunter in das beschauliche **Urfftal**. Hier trifft die Route wieder auf den Studentenpfad, der am Rande des Auenberges in Richtung Armsfeld führt. Sobald man den Wald verlässt, öffnet sich ein eindrucksvolles Landschaftsbild: ein naturbelassenes, idyllisches Tal, durch das sich der Urffbach schlängelt.

Ab **Fischbach**, dem nächsten Ort, führt ein ökologischer Lehrpfad, der unter anderem über Fledermäuse und Salamander informiert, bis zum Ziel der Tour, dem Ort **Bergfreiheit**.

Von hier aus verkehrt zweimal täglich ein Bus (ca. 14 und 18.30 Uhr) bis zur Haltestelle »Abzweigung Reinhardshausen«. Von dort führt ein Fußweg zur 800 m entfernten Stahlquelle.

Alternativ kann der Ausgangsort auch von Bad Wildungen mit dem Bus erreicht werden. Eingeschworene Wanderer schnüren ihre Stiefel wahrscheinlich schon in Bad Wildungen selbst: Bis zur Stahlquelle sind es nur knapp drei km. Nähere Auskünfte erteilt der Kur- und Touristik Service.

Stopp, wo sind wir? Markierte Wege erleichtern die Orientierung via Landkarte.

10 Ausflug an den Edersee – nah am Wasser gebaut

Charakteristik: Erlebnis-Spaziergang für die ganze Familie; **Dauer:** 1 Tag; **Einkehrmöglichkeit:** Cafés und Restaurants an der Staumauer West, Terrassenhotel an der Staumauer Ost; **Auskunft:** Tourist-Information auf der Staumauer; Tel. 05623/999850; Ostern–31. Okt. tgl. 11–17 Uhr; **Tierpark Edersee:** zwischen Hemfurth und Bringhausen; 1. Mai–31. Okt. 9–18, 1. Nov.–28. Febr. 11–16, 1. März–30. Apr. tgl. 10–18 Uhr; Greifvogelschau 15. Febr.-15. Nov. Di–So 11, 15 Uhr; Eintritt 3,50 €; **Wasserkraftwerk**, Kraftwerksstr. 10, Edertal-Hemfurth; Tel. 05623/948390; 1. Apr.–31. Okt. 9.30, 11.30, 14.30 Uhr; Eintritt 2 € (Standseilbahn 1. Mai–31. Okt. Bergfahrt stündlich 11–17, Abfahrt stündlich 11.15–17.15 Uhr; 6 €); **Aquapark**, Edertal-Hemfurth, Staumauer West; Ostern–31. Okt.; Eintritt frei; **Sperrmauer-Museum**, Edertal–Hemfurth, Staumauer West; Ostern-31. Okt. Mi–Mo 12–18 Uhr; Eintritt 3,60 €

Der Reiz des Edersees: das Schloss, der Strand, der Törn, die Tour.

Zu den vielseitigsten Ferienregionen Nordhessens zählt der Edersee: 27 km lang, umgeben von dichten Wäldern und Bäumen, überragt von einem mächtigen Schloss, haben die Waldecker ihn nach seiner Fertigstellung 1914 zum Freizeitparadies ausgebaut. Mit dem Auto ist er über die A 49, Abfahrt Fritzlar, am schnellsten zu erreichen. Egal, von welcher Richtung man den Edersee ansteuert, die Hinweisschilder weisen schon 20 km zuvor den Weg.

Unterirdisches Wasserkraftwerk

Aus Süden kommend vor, aus Norden kommend hinter Waldeck führen die Hinweisschilder in die Gemeinde Hemfurth-Edersee und zum **Wasserkraftwerk** des Energieversorgers E-On. Im Informationszentrum wird anschaulich erklärt, wie dem See die Kilowattstunden abgerungen werden. Noch interessanter sind die unterirdischen Hi-Tech-Anlagen, die um 9.30, 11.30 und 14.30 Uhr besucht werden können. Bitte zuvor anrufen, die Besucherkapazität ist begrenzt. Anschließend bietet sich die Fahrt mit einer Standseilbahn 300 m hinauf zum **Peterskopf** an. Dort, bei den beiden Hochspeicherbecken, bietet sich ein fantastischer Blick über das Waldecker Land und den **Affolderner See**, dem Ausläufer des Edersees.

Wildpark

Nur wenige Autominuten vom Kraftwerk entfernt, an der Straße zwischen Hemfurth und Bringhausen, liegt der **Wildpark** Edersee. Hier tummeln sich Tiere, die es in freier Wildbahn nur noch selten gibt: Wölfe, Wisent, Luchse und Auerwild sind auf dem 2,5 km langen Rundweg zu beobachten. Den Höhepunkt bildet die Greifvogelschau mit Adlern, Falken, Milanen und Uhus.

Aquapark

Es sind nur 20 Min. zu Fuß bis zur berühmten **Edertalsperre**. Hier, an der Sperrmauer West, gehört der **Aquapark** zu den großen Attraktionen. Der Edersee wurde im Maßstab 1:200 nachgebildet, Wasserspiele für Kinder inklusive: Da gibt es Wasserräder, Brunnen und Mini-Brücken, die über Mini-Flussläufe führen. Ein Riesenspaß im Freien, der vor allem dann genossen werden kann, wenn die Eltern trockene Kleidung zum Wechseln dabei haben. Tipp: An der Haltestelle starten die Busse, die zurück zum Kraftwerk fahren (Haltestelle Bürgerhaus/Kaverne).

Direkt an der Mauer führen Stufen hinab in das **Sperrmauer-Museum**, das im ehemaligen Kraftwerk untergebracht ist. Im Mittelpunkt steht die Dokumentation der Geschehnisse vom 17. Mai 1943, als die britische Luftwaffe im Zweiten Weltkrieg mit einer Bombe ein 70 m breites Loch in die Mauer riss und eine Flutwelle verursachte, der 29 Menschen zum Opfer fielen.

Sperrmauer

Hier bietet sich auch die Gelegenheit, die Talsperre zu begehen: 400 m lang in der Krone, 270 m in der Sohle. Mehr als 1000 Arbeiter aus der Region sowie aus Italien, Serbien, Kroatien und Polen verarbeiteten 300 000 Kubikmeter Baumaterial. 700 Bewohner aus drei Dörfer mussten für die Mauer und den See ihren angestammten Lebensraum verlassen.

Danach ist Zeit für eine Pause: Auf der anderen Seite der Staumauer liegt linker Hand das komfortable Terrassenhotel am Edersee mit dem Loghouse – einem Café, Restaurant und Biergarten, erbaut aus kanadischem Zedernholz. In den Preisen inklusive: der Blick auf den Edersee.

Heimat für die Herren der Lüfte: Im Wildpark Edersee »fressen« Adler und Falken aus der – wohl geschützten – Hand.

Wissenswertes über Nordhessen

Nordhessen erkunden heißt, sich Zeit zu nehmen: ein ruhiges Plätzchen wählen wie den Bergpark Wilhelmshöhe und nachlesen, was die Region alles bietet.

Nordhessen kompakt: alle wichtigen Informationen für Reisevorbereitung und Aufenthalt. Mit Geschichtstafel, Internetadressen, Buchtipps und Entfernungstabelle.

Jahreszahlen und Fakten im Überblick

800–1 v. Chr.
Kelten und Chatten, ein westgermanischer Volksstamm, besiedeln das heutige Hessen.

ab 83–117
Nach der römischen Eroberung errichtet Kaiser Domitian gegen die Angriffe der Chatten eine befestigte Reichsgrenze, den Limes.

454/455
Ende der römischen Herrschaft.

6./7. Jh.
Erste Christianisierung der chattischen Gebiete durch die Franken.

723/724
Bonifatius fällt die Donareiche, errichtet die Peterskirche in Fritzlar und wird nach 745 Bischof von Mainz.

nach 765
Lull, Bischof von Mainz, gründet das Kloster Hersfeld.

919
Im Dom zu Fritzlar wird Heinrich I. zum deutschen König gekrönt.

1247
Die männliche Linie der Ludowinger, der Landgrafen von Thüringen, stirbt aus – die eigenständige Geschichte der Landgrafschaft Hessen beginnt.

ab 1275
Ausbau der Burg von Marburg zur Residenz der Landgrafen von Hessen.

1517
Luther schlägt die 95 Thesen ans Tor der Schlosskirche in Wittenberg.

1526
Nach der »Homberger Synode« ebnet Landgraf Philipp I. der Reformation in Hessen den Weg.

1618–1648
Der Dreißigjährige Krieg wütet.

1717
Hessische Truppen besiegen an der Seite des Kaisers die Türken in der Schlacht von Belgrad.

1743–1755
Bau des Schlosses Wilhelmsthal bei Kassel.

1751
Geburt von Johann Heinrich Wilhelm Tischbein in Haina: 1787 malt er »Goethe in der römischen Campagna«.

1756–1763
Siebenjähriger Krieg: Besetzung Hessen-Kassels durch die Franzosen.

1760–1785
Landgraf Friedrich II. regiert.

1776–1783
Soldaten aus Hessen-Kassel kämpfen im amerikanischen Unabhängigkeitskrieg auf Seiten der Engländer.

1777
Geburt von Christian Daniel Rauch in Arolsen, der zu einem bedeutenden Bildhauer des Klassizismus aufsteigt.

1779
Der Bau des Fridericianum in Kassel – das erste öffentliche Museum auf dem Kontinent – wird vollendet.

1785/86
In Hanau werden Jacob und Wilhelm Grimm geboren. Der Erstgeborene begründet die deutsche Philologie. Der Zweite widmet sich insbesondere der Sagenforschung und arbeitet am »Deutschen Wörterbuch« mit.

1791–1798
Neubau des Schlosses Wilhelmshöhe.

1803
Unter Wilhelm IX. wird Hessen-Kassel zum Kurfürstentum Kurhessen.

1806
Napoleons Armee besetzt Kurhessen.

1813
Leipziger Völkerschlacht: Napoleon unterliegt, und Wilhelm I. stellt das Kurfürstentum Hessen-Kassel wieder her.

1830
Unter dem Einfluss der französischen Juliunruhen: Revolution in Kassel und Einberufung eines verfassunggebenden Landtags.

1848
Märzrevolution unter anderem in Kassel: Einsetzung liberaler Regierungen.

1866
Preußisch-österreichischer Krieg: Die hessischen Staaten stehen Österreich zur Seite und werden annektiert.

1868
Die preußische Provinz Hessen-Nassau entsteht unter anderem aus Kurhessen, Frankfurt/Main und Teilen von Hessen-Darmstadt.

1918
Novemberrevolution im Kaiserreich – Hessen wird Volksstaat unter sozialdemokratischer Führung, das Fürstentum Waldeck-Pyrmont ein Freistaat.

1919
Philipp Scheidemann aus Kassel regiert die Weimarer Republik.

1921
Geburt von Christine Brückner bei Arolsen. Sie reüssiert nach dem Zweiten Weltkrieg als Schriftstellerin.

1929
Der Freistaat Waldeck wird Preußen eingegliedert und Teil der Provinz Hessen-Nassau.

1933
Machtergreifung der NSDAP.

1939
Ausbruch des Zweiten Weltkriegs.

1943
Verheerende Bombenangriffe auf Kassel.

1945/1946
Die US-Militärregierung ruft den Großstaat Hessen ins Leben. Die Verfassung, durch eine Kommission aus SPD, CDU, KPD und LPD erarbeitet, wird 1946 durch Volksentscheid bestätigt.

1946–1985
Absolute Mehrheit der SPD.

1955
Bundesgartenschau in Kassel: Die begleitende Kunstausstellung documenta findet große Resonanz.

1975–1991
Hans Eichel regiert als Oberbürgermeister in Kassel.

1985
Rot-grüne Koalition unter Ministerpräsident Holger Börner. Joschka Fischer wird Umweltminister.

1987
CDU und FDP regieren unter Walter Wallmann.

1990
Wiedervereinigung: Hessen rückt wieder in die Mitte der Republik.

1991
Rot-grün regiert unter Hans Eichel.

1999
Roland Koch regiert mit der FDP.

2003
CDU regiert allein unter Roland Koch.

2005
50-jähriges Jubiläum der documenta.

Nützliche Adressen und Reiseservice

Auf einen Blick

Einwohnerzahl: Von den 6,1 Mio. Einwohnern Hessens leben rund 1 Mio. in Kassel (194 000) sowie den Kreisen Hersfeld-Rotenburg, Kassel-Land, Schwalm-Eder, Waldeck-Frankenberg und Werra-Meißner. Die Bevölkerungsdichte liegt in Kassel bei 1816 Einwohnern pro qkm, in den Kreisen zwischen 92 (Waldeck-Frankenberg) und 190 (Kassel-Land). Der Durchschnitt in Hessen: 288 Einwohner.
Fläche: Hessens Fläche beträgt 21 115 qkm, Nordhessens Anteil (ohne Fulda) liegt bei 6900 qkm. Landwirtschaftliche Fläche, Wälder und Gewässer nehmen bis zu 90 % (Waldeck-Frankenberg) Raum ein. Resthessen liegt bei 78 %.
Religion: 80 % Protestanten, 14 % Katholiken.
In Hessen: 53 % Protestanten, 30 % Katholiken.

Anreise

Mit dem Auto

Wer aus Nordrhein-Westfalen kommt, fährt über die Autobahnen A 33 und A 44. Aus Hamburg im Norden (ca. 300 km), München (ca. 470 km) und Wien (ca. 800 km) im Süden verläuft die Strecke über die A 7 nach Kassel. Reisende aus Zürich (ca. 600 km) wählen die A 5, Thüringer die A 4 bis zum Kirchheimer Dreieck nach Waldhessen. Touristen aus Berlin (ca. 380 km) fahren über die A 2, A 391 und A 7 Richtung Kassel. Von Kassel verläuft die A 49 über Fritzlar nach Bad Zwesten bzw. Borken.

Mit der Bahn

Dank der Lage in der Mitte Deutschlands und dem ICE-Bahnhof in Kassel-Wilhelmshöhe ist Nordhessen mit der schnellst möglichen Bahn zu erreichen – sofern sie pünktlich ist. Fahrtdauer: Düsseldorf 3,15 Std., Hamburg 2,15 Std., München 3,40 Std., Berlin 2,40 Std., Wien 7 Std., Zürich 5,20 Std.

Auskunft

Jeder größere Ort in der Region verfügt über eine eigene Tourist-Information. Folgende zentrale Einrichtungen bieten Auskünfte an:

Tourist-Information Kassel
⇢ Klappe hinten, b 5
Obere Königsstr. 15 (im Rathaus); Tel. 05 61/7 07 71 07, Fax 7 07 71 69; www.kassel-tourist.de; Mo–Fr 9–18, Sa 9–14 Uhr

Tourist-Information Kassel-Land
Markt 5, Hofgeismar; Tel. 0 56 71/5 07 04 00, Fax 50 08 39; www.reinhardswald.de; Mo–Fr 9–13, 14–17, Sa 13–17 Uhr

Tourist-Information Waldecker Land
Stechbahn 1, Korbach; Tel. 0 56 31/5 32 32, Fax 5 33 20; www.korbach.de; Mo–Mi 8.30–12.30, 14–17, Do 8.30–12.30, 14–18, Fr 8.30–12.30, 14–15, Sa 10–12 Uhr

Tourist-Information Kurhessisches Bergland
Marktplatz 20, Homberg (Efze), Tel. 0 56 81/93 91 61, Fax 93 91 62; www.homberg-efze.de; Apr.–Okt. Mo.–Fr. 10–17, Sa. 10–15, So. 11–15 Uhr; Nov.–März: Knüllwald Touristik Service, Knüllwald-Remsfeld, Hauptstr. 34, Tel. 0 56 81/93 08 08, Fax 93 08 07; 1. Sept.- 30. Juni Mo–Fr 8–17, 1. Juli–31. Aug. Mo–Fr 8–20 Uhr

Tourist Information Waldhessen
Am Markt 1, Bad Hersfeld; Tel. 0 66 21/20 12 74, Fax 20 12 44; www.bad-hersfeld.de/touristik; Mo–Fr 9–17 Uhr (während der Festspiele länger geöffnet)

Tourist-Information Eschwege – Meißner – Meinhard – Wanfried
Hospitalplatz 16, Eschwege;
Tel. 05651/331985; Fax 50291;
www.eschwege.de und
www.werratal-tourismus.de

Buchtipps

Christine Brückner
Wenn du geredet hättest, Desdemona
Die international anerkannte Kasseler Schriftstellerin (1921–96) lässt Frauen der Geschichte reden: scharfsinnig, nachdenklich, humorvoll.

Christiane von Goethe spricht zu Frau von Stein, Effi Briest zu ihrem Hund Rollo, Gudrun Ensslin redet im wahrsten Sinne des Wortes an die Wand ihrer Zelle in Stuttgart-Stammheim.
Hoffmann & Campe, 2001, 14,95 €

Jakob und Wilhelm Grimm
Kinder- und Hausmärchen
Die hoch gelobte dreibändige Gesamtausgabe des meist verbreiteten Buches deutscher Sprache erzählt auch jene Märchen, die andere Sammlungen nach 1857 nicht gedruckt haben. Außerdem enthält sie die handschriftlichen Anmerkungen der Gebrüder Grimm.
Reclam, Ditzingen, 2001, 29,90 €

Elke Heidenreich
Kolonien der Liebe
Die in Korbach geborene Schriftstellerin erzählt darin in neun voneinander unabhängigen Geschichten von den großen und kleinen Dingen des Lebens und von der Liebe in ihren unterschiedlichen Facetten: von leidenschaftlich bis bittersüß. Der erste Erzählband von Elke Heidenreich zeichnet sich durch die treffende, trockene und scharfzüngige Beobachtungsgabe seiner Autorin aus.
Rowohlt, Reinbek, 1994, 7,50 €

Camping

Die nordhessische Region ist ausgesprochen camper-freundlich: Das kostenlose Faltblatt »Reiseziele für Mobile« stellt auf einer Straßenkarte 45 Orte vor, die über Stellplätze für Wohnmobile verfügen: mit Preisen, Serviceleistungen und Hinweisen auf Sehenswertes und Freizeitmöglichkeiten. Ist auch in jeder Tourist-Information erhältlich.
Im Internet zu beziehen über Nordhessen Touristik, www.nordhessen.de/service

Diplomatische Vertretungen

Generalkonsulat Schweiz
Zeil 5, Frankfurt/Main;
Tel. 069/1700280

Camper willkommen: Nordhessen wartet mit landschaftlich reizvollen Stellplätzen und viel Service für Wohnmobile und -wagen auf.

Honorarkonsulat Österreich
Lyoner Str. 16, Frankfurt/Main;
Tel. 069/6606196

Fahrrad

Nordhessen lässt sich wunderbar mit dem Fahrrad erkunden. Fahrräder stellt zum Beispiel die Deutsche Bahn zur Verfügung – dies hat den Vorteil, dass man sie nicht immer an dieselbe Ausleihstelle zurückbringen muss. Aber auch viele Hotels bieten mittlerweile diesen Service an, so dass man auch längere Strecken wählen kann, ohne sich um den Rücktransport kümmern zu müssen. Wer diesen Service anbietet, kann bei der Tourist-Information erfragt werden.

Feiertage

1. Jan. Neujahr
Karfreitag
Ostermontag
1. Mai Tag der Arbeit
Christi Himmelfahrt
Pfingstmontag
26. Mai Fronleichnam
3. Okt. Tag der Deutschen Einheit
25. Dez. 1. Weihnachtsfeiertag
26. Dez. 2. Weihnachtsfeiertag

Internet

www.deutsche-maerchenstrasse.de
Offizielle Seite, die unter anderem Festspiele, Lesungen und andere Veranstaltungen zum Thema aufführt.
www.nordhessen.de
Das Einstiegsportal für Nordhessen-Interessierte: Kurzinfos zu allen Orten, Kulturevents und Naturerlebnissen.
www.nordhessen-erfahren.de
Diese Seite informiert über Führungen in Nordhessen.
www.nordhessen-erleben.de
Website, die auf Veranstaltungen hinweist: Konzerte, Kunstausstellungen und Trödelmärkte.
www.edertal.de;
www.kassel.de;
www.kurhessisches-bergland.de;
www.reinhardswald.de;
www.waldecker-land.de;
www.waldhessen.de;
www.werra-meissner.de;
Portale der Fremdenverkehrsämter – mit Sehenswürdigkeiten, Veranstaltungstipps, Links zu den Orten und Gastgeberverzeichnissen.

Museen

Die Eintrittskarten der staatlichen Museen gelten häufig für mehrere Sammlungen. So erlaubt zum Beispiel in Kassel der Besuch des Museums Schloss Wilhelmshöhe auch die Besichtigung des Weißensteinflügels und der Löwenburg. Tickets für das Hessische Landesmuseum haben auch für die Neue Galerie, das Museum für Astronomie und das Marmorbad Gültigkeit.

Notruf

Notarzt, Rettungsdienst, Feuerwehr: Tel. 112; **Polizei:** Tel. 110

Reisezeit

Die schönste Zeit zum Reisen beginnt im Frühling, wenn die Kirschblüte in und um Witzenhausen in voller Pracht steht. Im Sommer bieten sich die Seenlandschaft in Borken und die Stauseen im Waldecker Land zur Erfrischung und Erholung an: Eder-, Diemel- und Twistesee.

Wenn der Herbst die Bäume in ein farbenschillerndes Kleid hüllt, sind die großen Wälder Nordhessens ein attraktives Ziel: Habichtswald bei Kassel, Kellerwald im Waldecker Land, Reinhardswald in Kassel-Land oder der Kaufunger Wald im Werra-Meißner-Land.

Für Wintersportler sind besonders das Willinger Upland und der Hohe Meißner attraktiv: Bestens präparierte Loipen und Pisten laden zum Skilanglauf, Ski fahren und Snowborden ein.

Telefon

Vorwahlnummern
A, CH → D 0049
D → A 0043
D → CH 0041

Tiere

Seit 1. Oktober 2004 müssen die Besitzer von Hunden, Katzen und Frettchen bei Reisen in ein Land der Europäischen Union den EU-Heimtierausweis mitführen. Der »Pet Pass« wird außerdem von Ländern anerkannt, für die dieselben Tollwutbestimmungen gelten wie in der EU, zum Beispiel die Schweiz und Liechtenstein.

Verkehrsverbindungen:

Kassel verfügt über ein modernes Nahverkehrsmittelsystem, das wie ein Spinnennetz die gesamte Stadt abdeckt. Zentrale Knotenpunkte bilden der Königsplatz und der angrenzende Friedrichsplatz, die von sämtlichen Straßenbahnlinien angesteuert werden. Für die Fahrten auch in entlegene Stadtteile sorgen die Busse, deren Strecken am Hauptbahnhof sowie am Königsplatz zusammenlaufen.

Aber auch das Umland ist mit dem Nordhessischen Verkehrsverbund (NVV) gut zu erreichen. Für beliebte Ziele wie Edersee, Reinhardswald oder den Werra-Meißner-Kreis gilt von Anfang Mai bis Anfang Oktober der Sommerfahrplan. So ist der Edersee zum Beispiel im Zwei-Stunden-Takt über Fritzlar und Bad Wildungen bis nach Edertal zu erreichen. Allerdings braucht man etwas Geduld: Die Regionalbahn benötigt etwa 1,5 Stunden.

Schneller und bequemer wird Nordhessen in naher Zukunft zu erreichen sein: Die RegionTram fährt seit 2004 auf der Strecke Kassel–Hofgeismar–Warburg. Mit dem Bau dieser neuen Bahn – vollklimatisiert und schallgedämpft – sind in Nordhessen die Weichen für die Zukunft gestellt. Weitere Orte werden peu à peu in das Streckennetz eingebunden.

Nordhessischer Verkehrsverbund NVV
Tel. 01 80/2 34 01 80, www.nvv.de.

Wirtschaft

Alle fünf Kreise von Nordhessen zählen in der Bruttowertschöpfung der Landwirtschaft zu den Top Ten Hessens. Beim produzierenden Gewerbe ist dort nur noch Kassel-Land vertreten.

Im Handel kann sich Nordhessen dank der Gastronomie auf Position 6 (Kassel) und 13 (Kassel-Land) behaupten.

Entfernungen (in km) zwischen wichtigen Orten in Nordhessen

	Bad Arolsen	Bad Hersfeld	Bad Karlshafen	Eschwege	Fritzlar	Homberg/Efze	Kassel	Korbach	Melsungen	Schwalmstadt	Waldeck/Edersee
Bad Arolsen	–	100	58	98	40	74	48	19	66	74	28
Bad Hersfeld	100	–	115	59	80	44	78	124	56	60	83
Bad Karlshafen	58	115	–	88	76	89	48	80	81	106	92
Eschwege	98	59	88	–	80	60	55	111	47	115	100
Fritzlar	40	80	76	80	–	19	30	41	35	35	21
Homberg/Efze	74	44	89	60	19	–	41	58	19	24	38
Kassel	48	78	48	55	30	41	–	60	35	59	49
Korbach	19	124	80	111	41	58	60	–	78	63	21
Melsungen	66	56	81	47	35	19	35	78	–	49	46
Schwalmstadt	74	60	106	115	35	24	59	63	49	–	48
Waldeck/Edersee	28	83	92	100	21	38	49	21	46	48	–

Die Arbeitslosenquote schwankt in den Kreisen zwischen 8 und 12 %. In Kassel liegt sie mit knapp 16 % deutlich über dem Landesdurchschnitt von 8,9 %.

Es gibt einige wichtige Unternehmen, die ihren Standort in Nordhessen gewählt haben:

Kassel gilt seit dem Bau der ersten Lokomotive 1848 als Standort der Schwerindustrie: Henschel Industrietechnik beschäftigt sich unter anderem mit Antriebssystemen für Eisenbahnen. Der Transrapid für China wird bei Thyssen Krupp in Kassel produziert, und die Rüstungsindustrie ist durch Krauss-Maffei Wegmann vertreten. Größter Arbeitgeber in Kassel ist das VW-Werk Baunatal. In Korbach beschäftigt der Reifenhersteller Continental etwa 3000 Angestellte. Ungefähr 3500 Arbeitsplätze garantiert in Allendorf/Eder der Heizsystemhersteller Viessmann. Das kurhessische Bergland ist Stammsitz der B. Braun Melsungen AG, die mit Medizintechnik weltweit 30 000 Menschen Lohn und Brot gibt.

Durch seine zentrale Lage ist Nordhessen aber auch als Logistikstandort gefragt: So wirbt beispielsweise der Buchgroßhändler Libri damit, das weltweit größte Verteilungszentrum für Bücher in Bad Hersfeld errichtet zu haben.

Das lockte den Internethändler Amazon an denselben Standort. Auch German Parcel Service, Spar oder die Post organisieren ihren Vertrieb von Bad Hersfeld aus.

Zeitungen

HNA – »Hessische/Niedersächsische Allgemeine«, Kassel, erscheint mit zahlreichen Lokalausgaben oder beliefert diverse Zeitungen in der Region wie zum Beispiel die »Werra-Rundschau«, Eschwege.

»Waldeckische Landeszeitung«/ »Frankenberger Zeitung«, Korbach;

»Hersfelder Zeitung«, Bad Hersfeld

Nordhessen ist wie kaum eine andere Region in Deutschland landwirtschaftlich geprägt – Ähren und Wolken, so weit das Auge reicht.

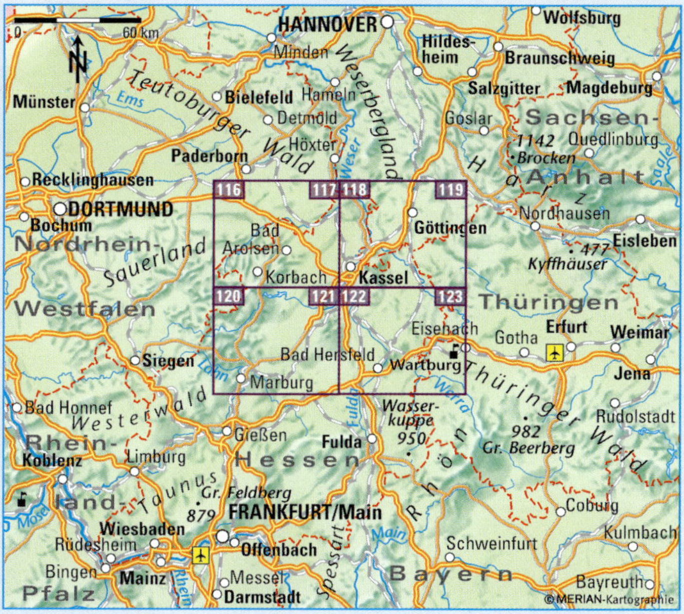

Legende

Sehenswürdigkeiten

- MERIAN-TopTen
- MERIAN-Tipp
- Sehenswürdigkeit, öffentl. Gebäude
- Sehenswürdigkeit Kultur
- Sehenswürdigkeit Natur
- Kirche; Kloster
- Schloss, Burg; Ruine
- Synagoge
- Museum
- Denkmal

Verkehr

- Autobahn
- Autobahnähnliche Straße
- Fernverkehrsstraße
- Hauptstraße
- Nebenstraße
- Unbefestigte Straße, Weg
- Fußgängerzone
- Parkmöglichkeit
- Bahnhof
- Flughafen
- Flugplatz

Sonstiges

- Information
- Theater
- Denkmal
- Markt
- National-, Naturpark

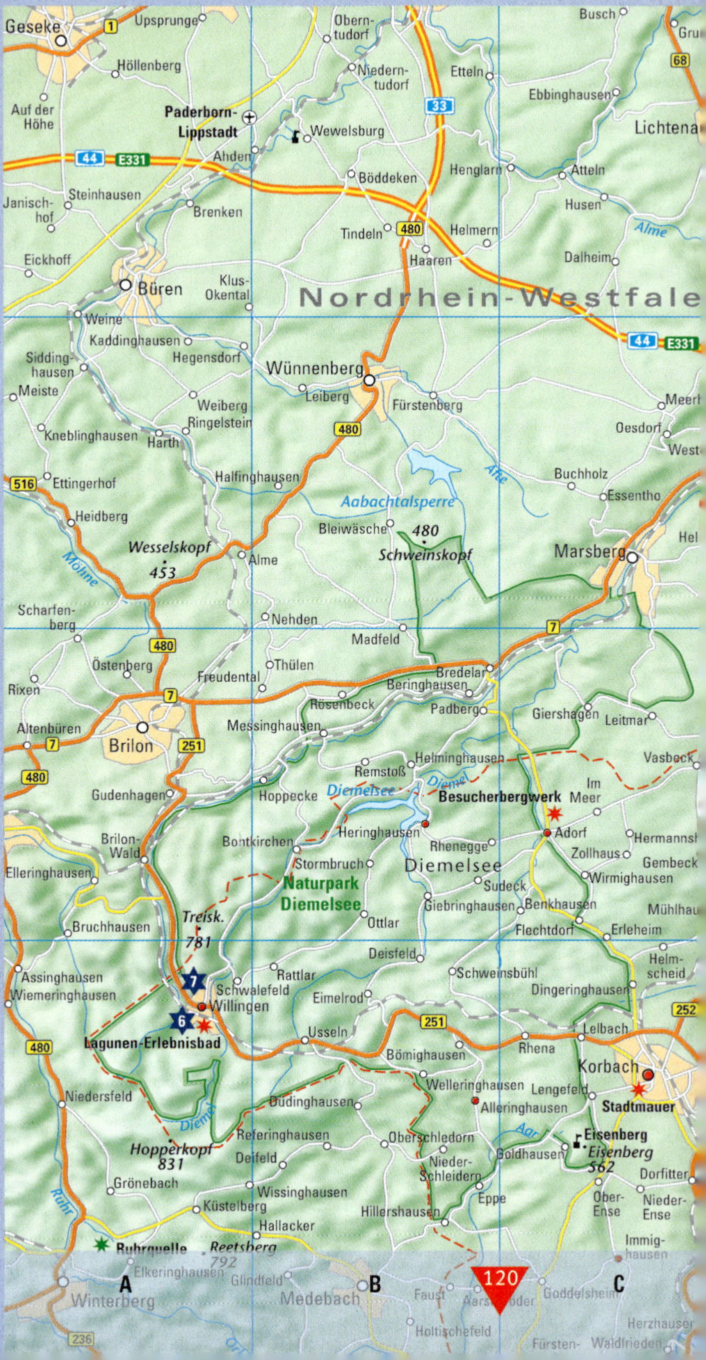
A
B
C
1
2
3
4
Geseke
Upsprunge
Obern-tudorf
Busch
Höllenberg
Niedern-tudorf
Etteln
Ebbinghausen
Auf der Höhe
Paderborn-Lippstadt
Wewelsburg
Lichtena
Ahden
Böddeken
Henglarn
Atteln
Steinhausen
Janisch-hof
Brenken
Husen
Tindeln
Helmern
Alme
Haaren
Dalheim
Eickhoff
Büren
Klus-Okental
Nordrhein-Westfale
Weine
Kaddinghausen
Hegensdorf
Sidding-hausen
Wünnenberg
Meister
Leiberg
Fürstenberg
Weiberg
Ringelstein
Meerh
Oesdorf
Kneblinghausen
Harth
West
Ettingerhof
Halfinghausen
Afte
Buchholz
Essentho
Aabachtalsperre
Heidberg
Bleiwäsche
480
Schweinskopf
Hel
Wesselskopf
453
Marsberg
Möhne
Alme
Scharfen-berg
Nehden
Madfeld
Östenberg
Thülen
Rixen
Freudental
Bredelar
Beringhausen
Rösenbeck
Padberg
Giershagen
Leitmar
Altenbüren
Brilon
Messinghausen
Helminghausen
Vasbeck
Remstoß
Gudenhagen
Hoppecke
Diemelsee
Diemel
Im Meer
Besucherbergwerk
Adorf
Brilon-Wald
Bontkirchen
Heringhausen
Rhenegge
Hermannsh
Zollhaus
Gembeck
Elleringhausen
Stormbruch
Diemelsee
Naturpark Diemelsee
Sudeck
Wirmighausen
Giebringhausen
Benkhausen
Mühlhau
Treisk.
781
Ottlar
Bruchhausen
Flechtdorf
Erleheim
Deisfeld
Helm-scheid
Assinghausen
Rattlar
Schweinsbühl
Wiemeringhausen
Schwalefeld
Dingeringhausen
Willingen
Eimelrod
Lagunen-Erlebnisbad
Usseln
Lelbach
Rhena
Bömighausen
Korbach
Niedersfeld
Welleringhausen
Lengefeld
Alleringhausen
Stadtmauer
Düdinghausen
Diemel
Aar
Eisenberg
Referinghausen
Oberschledorn
Eisenberg
Hopperkopf
831
Goldhausen
562
Deifeld
Nieder-Schleidern
Grönebach
Dorfitter
Wissinghausen
Eppe
Ruhr
Ober-Ense
Nieder-Ense
Küstelberg
Hillershausen
Hallacker
Immig-hausen
Ruhrquelle
Reetsberg
792
Elkeringhausen
Glindfeld
Winterberg
Medebach
Faust
Goddelsheim
120
Holtischefeld
Herzhausen
Fürsten-
Waldfrieden
1
33
68
44
E331
480
516
7
251
252
236

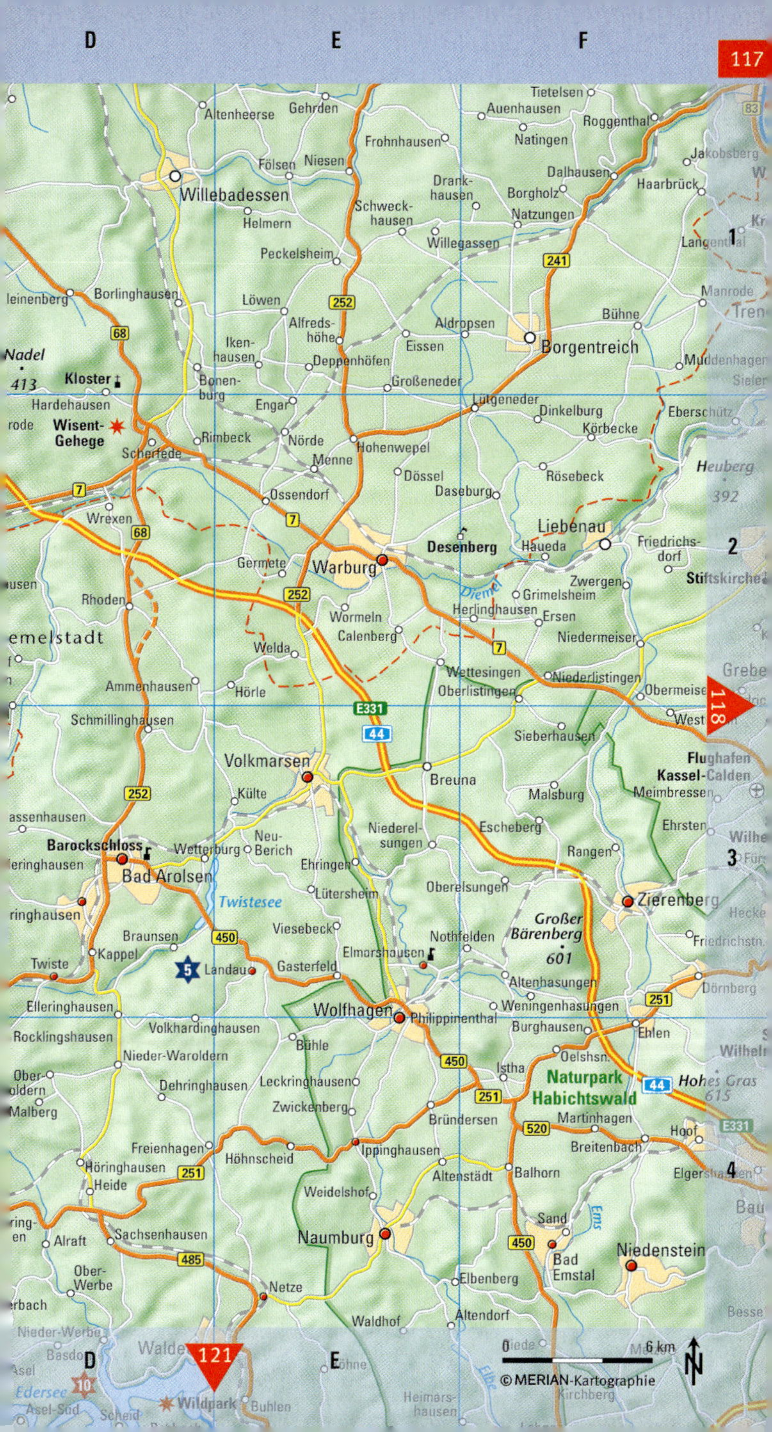
D
E
F
1
2
3
4
Tietelsen
Altenheerse
Gehrden
Auenhausen
Roggenthal
Natingen
Frohnhausen
Jakobsberg
Fölsen
Niesen
Willebadessen
Helmern
Drank-
hausen
Borgholz
Dalhausen
Haarbrück
Schweck-
hausen
Natzungen
Willegassen
Langenthal
Peckelsheim
241
Borlinghausen
Löwen
252
Alfreds-
höhe
Aldropsen
Manrode
Bühne
Borgentreich
68
Iken-
hausen
Eissen
Deppenhöfen
Muddenhagen
Nadel
413
Kloster
Bonen-
burg
Großeneder
Hardehausen
Engar
Lütgeneder
Dinkelburg
Eberschütz
Wisent-
Gehege
Rimbeck
Nörde
Körbecke
Scherfede
Menne
Hohenwepel
Heuberg
392
Dössel
Rösebeck
7
Ossendorf
Daseburg
Wrexen
68
7
Liebenau
Desenberg
Haueda
Friedrichs-
dorf
Germete
Warburg
Diemel
Zwergen
Rhoden
252
Grimelsheim
Wormeln
Herlinghausen
Ersen
emelstadt
Calenberg
Niedermeiser
Welda
7
Wettesingen
Niederlistingen
Grebe
Ammenhausen
Hörle
Oberlistingen
Obermeiser
118
E331
Schmillinghausen
44
Sieberhausen
Flughafen
Kassel-Calden
Volkmarsen
Breuna
252
Külte
Malsburg
Meimbressen
Niederel-
sungen
Escheberg
Ehrsten
Neu-
Bericht
Barockschloss
Wetterburg
Rangen
Ehringen
Bad Arolsen
Oberelsungen
Zierenberg
Twistesee
Lütersheim
Großer
Bärenberg
601
Viesebeck
Nothfelden
Braunsen
450
Kappel
Elmarshausen
Twiste
5
Landau
Gasterfeld
Altenhasungen
Dörnberg
Elleringhausen
Wolfhagen
Weningenhasungen
251
Philippinenthal
Volkhardinghausen
Burghausen
Ehlen
Rocklingshausen
Bühle
450
Oelshsn.
Nieder-Waroldern
Istha
Naturpark
Habichtswald
Ober-
Dehringhausen
Leckringhausen
44
Hohes Gras
615
Malberg
Zwickenberg
251
Bründersen
E331
520
Martinhagen
Freienhagen
Breitenbach
Hoof
Höhnscheid
Ippinghausen
Höringhausen
251
Altenstädt
Balhorn
Elgershausen
Heide
Weidelshof
Ems
Sachsenhausen
Sand
Alraft
Naumburg
450
Bad
Emstal
Niedenstein
485
Ober-
Werbe
Elbenberg
Netze
Altendorf
Waldhof
Besse
Nieder-Werbe
121
Edersee
10
Wildpark
Buhlen
Heimars-
hausen
Elbe
Kirchberg
0
6 km
N
© MERIAN-Kartographie

A B C

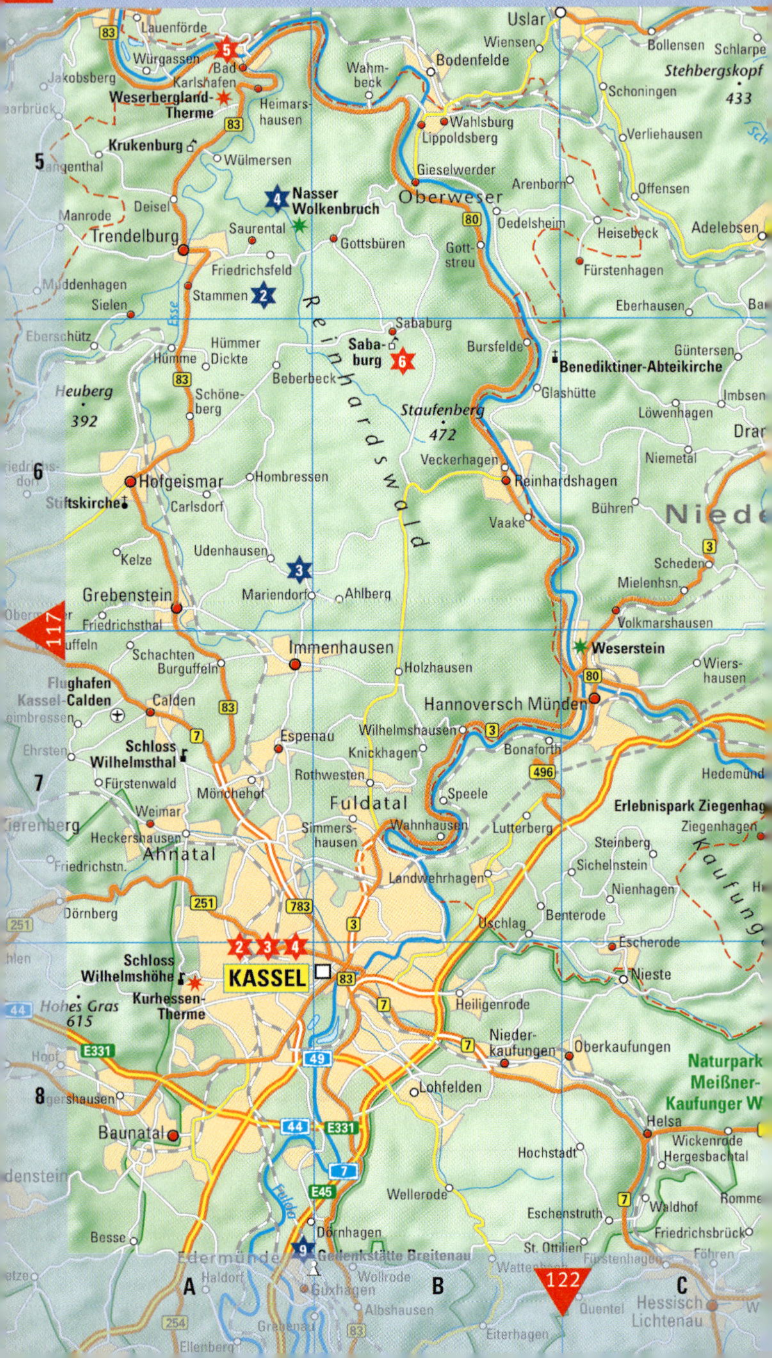
Lauenförde
Würgassen
Bad Karlshafen
Jakobsberg
Weserbergland-Therme
Heimarshausen
Wahmbeck
Bodenfelde
Uslar
Wiensen
Bollensen
Schlarpe
Stehbergskopf
433
Schoningen
Wahlsburg
Lippoldsberg
Verliehausen
Krukenburg
Wülmersen
Langenthal
Gieselwerder
Arenborn
Offensen
Nasser Wolkenbruch
Oberweser
Oedelsheim
Adelebsen
Manrode
Deisel
Saurental
Heisebeck
Trendelburg
Gottsbüren
Gottstreu
Fürstenhagen
Friedrichsfeld
Muddenhagen
Stammen
Sielen
Eberhausen
Esse
Eberschütz
Sababurg
Bursfelde
Güntersen
Hümmer
Hümme
Dickte
Reinhardswald
Beberbeck
Benediktiner-Abteikirche
Heuberg
392
Schöneberg
Glashütte
Imbsen
Staufenberg
472
Löwenhagen
Veckerhagen
Niemetal
Hofgeismar
Hombressen
Reinhardshagen
Stiftskirche
Carlsdorf
Bühren
Vaake
Kelze
Udenhausen
Scheden
Mielenhsn.
Grebenstein
Mariendorf
Ahlberg
Friedrichsthal
Volkmarshausen
Immenhausen
Weserstein
Schachten
Burguffeln
Holzhausen
Wiershausen
Flughafen Kassel-Calden
Calden
Hannoversch Münden
Wilhelmshausen
Espenau
Knickhagen
Bonaforth
Schloss Wilhelmsthal
Rothwesten
Hedemünden
Fürstenwald
Mönchehof
Fuldatal
Speele
Erlebnispark Ziegenhagen
Weimar
Simmershausen
Wahnhausen
Lutterberg
Ziegenhagen
Steinberg
Heckershausen
Ahnatal
Sichelnstein
Friedrichstn.
Landwehrhagen
Nienhagen
Kaufunger
Dörnberg
Uschlag
Benterode
Escherode
Schloss Wilhelmshöhe
KASSEL
Nieste
Kurhessen-Therme
Hohes Gras
615
Heiligenrode
Niederkaufungen
Oberkaufungen
Naturpark Meißner-Kaufunger W
Lohfelden
Helsa
Wickenrode
Hergesbachtal
Baunatal
Hochstadt
Wellerode
Eschenstruth
Waldhof
Friedrichsbrück
Besse
Dörnhagen
St. Ottilien
Gedenkstätte Breitenau
Edermünde
Haldorf
Wollrode
Guxhagen
Albshausen
Grebenau
Ellenberg
Fürstenhagen
Wattenbach
Quentel
Hessisch Lichtenau
Eiterhagen
Fulda
117
122
5
6
7
8
A
B
C

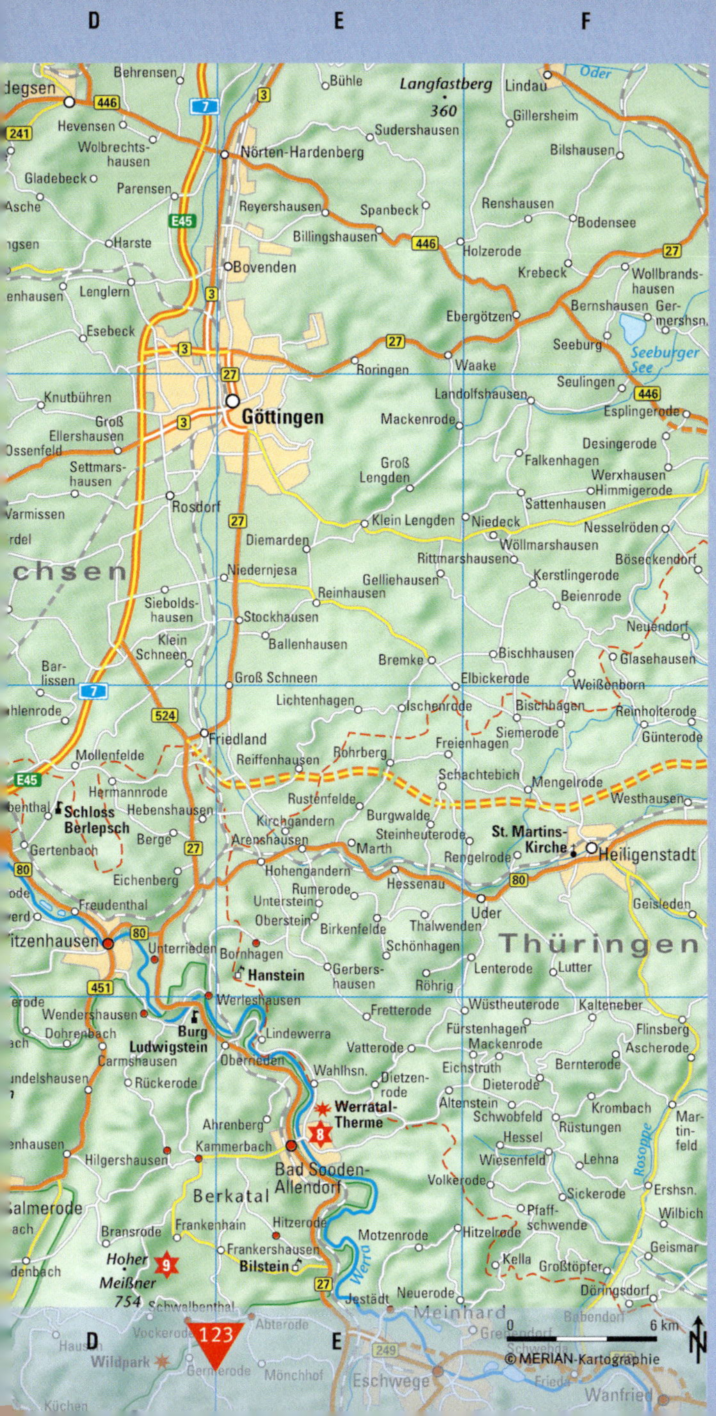
D
E
F
5
6
7
8
Behrensen
Bühle
Langfastberg
360
Lindau
Oder
degsen
446
3
7
Gillersheim
241
Hevensen
Sudershausen
Wolbrechts-
hausen
Nörten-Hardenberg
Bilshausen
Gladebeck
Parensen
Asche
Reyershausen
Spanbeck
Renshausen
Bodensee
E45
Harste
Billingshausen
446
Holzerode
27
Bovenden
Krebeck
Wollbrands-
hausen
Lenglern
3
Bernshausen
Ger-
mershsn.
Ebergötzen
Esebeck
3
27
Seeburg
Seeburger
See
27
Roringen
Waake
Seulingen
Knutbühren
Landolfshausen
446
Groß
Ellershausen
3
Göttingen
Mackenrode
Esplingerode
Ossenfeld
Desingerode
Settmars-
hausen
Falkenhagen
Groß
Lengden
Werxhausen
Himmigerode
Rosdorf
Sattenhausen
Varmissen
27
Klein Lengden
Niedeck
Nesselröden
Diemarden
Wöllmarshausen
chsen
Rittmarshausen
Böseckendorf
Niedernjesa
Gelliehausen
Kerstlingerode
Reinhausen
Beienrode
Siebolds-
hausen
Stockhausen
Neuendorf
Klein
Schneen
Ballenhausen
Bischhausen
Bremke
Glasehausen
Bar-
lissen
Groß Schneen
Elbickerode
Weißenborn
7
Lichtenhagen
Ischenrode
Bischhagen
Reinholterode
524
Siemerode
Friedland
Günterode
Freienhagen
Reiffenhausen
Rohrberg
Mollenfelde
E45
Schachtebich
Mengelrode
Hermannrode
Rustenfelde
Westhausen
Schloss
Berlepsch
Hebenshausen
Burgwalde
Kirchgandern
Steinheuterode
St. Martins-
Kirche
Heiligenstadt
Berge
Arenshausen
Marth
Gertenbach
27
Rengelrode
80
Hohengandern
Eichenberg
Hessenau
80
Rumerode
Unterstein
Geisleden
Freudenthal
Uder
Oberstein
Birkenfelde
Thalwenden
80
Thüringen
Witzenhausen
Unterrieden
Bornhagen
Schönhagen
Hanstein
Gerbers-
hausen
Lenterode
Lutter
451
Röhrig
Werleshausen
Wendershausen
Fretterode
Wüstheuterode
Kalteneber
Burg
Ludwigstein
Dohrenbach
Lindewerra
Fürstenhagen
Flinsberg
Mackenrode
Ascherode
Vatterode
Carmshausen
Oberrieden
Eichstruth
Bernterode
Wahlhsn.
Dietzen-
rode
Dieterode
Rückerode
Altenstein
Werratal-
Therme
Krombach
Schwobfeld
Mar-
tin-
feld
Ahrenberg
Rüstungen
Hessel
8
Kammerbach
Wiesenfeld
Hilgershausen
Lehna
Bad Sooden-
Allendorf
Rosoppe
Volkerode
Berkatal
Ershsn.
Sickerode
Salmerode
Pfaff-
schwende
Wilbich
Hitzerode
Frankenhain
Motzenrode
Bransrode
Hitzelrode
Frankershausen
Geismar
Werra
Kella
Hoher
Meißner
754
9
Bilstein
Großtöpfer
27
Döringsdorf
Neuerode
Jestädt
Schwalbenthal
Meinhard
Bebendorf
Vockerode
Abterode
0
6 km
D
123
E
N
Hausen
Grebendorf
Schwebda
249
Wildpark
Germerode
Mönchhof
© MERIAN-Kartographie
Eschwege
Frieda
Wanfried
Küchen

120
116

A
B
C
9
10
11
12
Gronebach
Wissinghausen
Küstelberg
Hallacker
Hesborn
Ober-Ense
Nieder-Ense
Immighausen
Ruhr
Ruhrquelle
Reetsberg
792
Elkeringhausen
Glindfeld
Winterberg
Medebach
Faust
Aarschröder
Goddelsheim
Herzhausen
236
Orke
Holtischefeld
Fürstenberg
Waldfrieden
Titelberg
Rhadern
Züschen
Medelon
Lichtenfels
Reckenberg
Dreislar
Münden
Hesborn
Nuhne
Dalwigksthal
Buchenberg
Burg Lichtenfels
Ziegenhelle
816
Niederorke
Neukirchen
Braunshausen
Ederbringhausen
Sachsenberg
Hallenberg
Trambach
Rengershausen
252
Bromskirchen
Somplar
Viermünden
Schreufa
Wunderthausen
Dachsloch
Ellershausen
Neuludwigsdorf
Elbighausen
Osterfeld
Geismar
Alertshausen
253
Frankenberg
Dörnholzhausen
Röddenau
236
Allendorf
Hobe
Dodenau
Bottendorf
Willersdorf
Elsoff
Biebighausen
Birkenbringhausen
Burgwald
Battenberg
Eder
Berghofen
Wiesenfeld
Oberholzhausen
Hatzfeld
Laisa
236
252
Niederholzhausen
Holzhausen
Ernsthausen
Roda
Rosenthal
Lindenhof
Wollmar
Eifa
Frohnhausen
Oberasphe
Münchhausen
253
Merzhausen
Niederasphe
Simtshausen
Dexbach
Tauschenberg
Engelbach
Todenhausen
Mellnau
407
Biedenkopf
Bracht
Treisbach
Amönau
Oberrosphe
Katzenbach
62
Oberndorf
Wetter
Niederwetter
Schwarzenborn
Eckelshausen
Unterrosphe
Buchenau
Warzenbach
Rauschenberg
Kombach
252
Göttingen
Schönstadt
Dautphe
Sterzhausen
Sindersfeld
Hohenfels
Betziesdorf
Kernbach
62
Großfelden
Cölbe
Bürgeln
Himmelsberg
Friedensdorf
Allendorf
Anzefahr
Stausebach
Lahn
Caldern
3
453
Wehrda
Ginseldorf
Damshausen
62
Schönbach
Holzhausen
Herzhausen
Bauerbach
Kirchhain
Dilschhausen
Elisabethkirche
Weitershausen
Großseelheim
Elnhausen
Kleinseelheim
Runzhausen
Marburg
Sinkershausen
Amöneburg
Rachelshsn.
Hermershausen
Haddamshausen
Schröck
Römershausen
Gladenbach
Allna
Gisselberg
Moischt
Blankenstein
Roßdorf
A
B
C

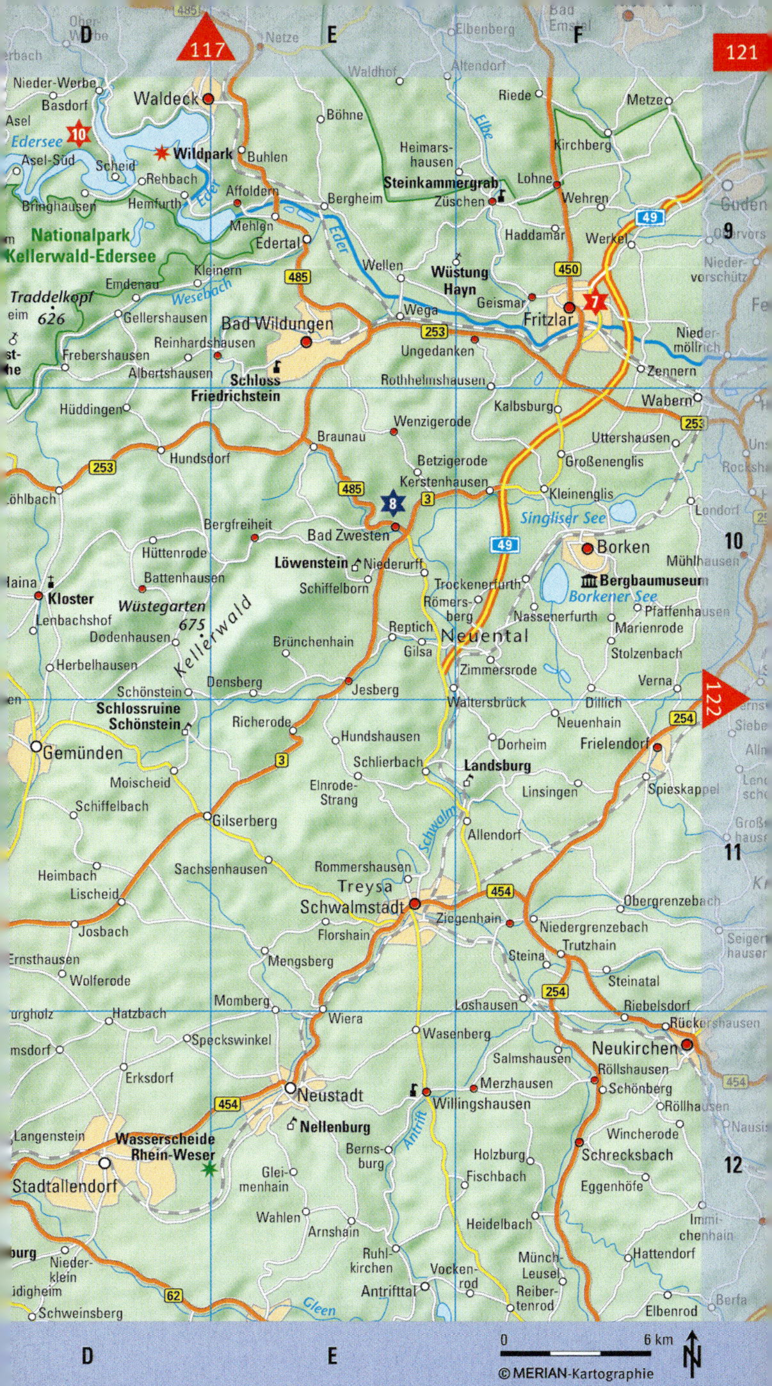

117
121
122
D
E
F
9
10
11
12
Waldeck
Nieder-Werbe
Basdorf
Asel
Edersee
10
Asel-Süd
Scheid
Wildpark
Buhlen
Rehbach
Bringhausen
Hemfurth
Eder
Affoldern
Mehlen
Edertal
Bergheim
Böhne
Waldhof
Netze
Elbenberg
Altendorf
Riede
Metze
Elbe
Heimars-
hausen
Kirchberg
Steinkammergrab
Züschen
Lohne
Wehren
49
Haddamar
Werkel
Gudensberg
Nationalpark
Kellerwald-Edersee
Kleinern
Emdenau
Wesebach
485
Wellen
Wüstung
Hayn
450
Geismar
Fritzlar
7
Nieder-
möllrich
Traddelkopf
626
Gellershausen
Bad Wildungen
Wega
253
Ungedanken
Reinhardshausen
Frebershausen
Albertshausen
Schloss
Friedrichstein
Rothhelmshausen
Zennern
Hüddingen
Kalbsburg
Wabern
Wenzigerode
Braunau
Uttershausen
Hundsdorf
Betzigerode
Großenenglis
Kerstenhausen
Kleinenglis
Löhlbach
8
3
Singliser See
Bergfreiheit
Bad Zwesten
49
Borken
Hüttenrode
Löwenstein
Niederurff
Mühlhausen
Bergbaumuseum
Battenhausen
Schiffelborn
Trockenerfurth
Römersberg
Borkener See
Kloster
Wüstegarten
675
Nassenerfurth
Pfaffenhausen
Lenbachshof
Kellerwald
Reptich
Marienrode
Dodenhausen
Neuental
Brünchenhain
Gilsa
Stolzenbach
Herbelhausen
Zimmersrode
Verna
Schönstein
Densberg
Jesberg
Waltersbrück
Dillich
Schlossruine
Schönstein
Neuenhain
254
Richerode
Hundshausen
Dorheim
Frielendorf
Gemünden
Schlierbach
Landsburg
Spieskappel
Moischeid
Elnrode-
Strang
Linsingen
Schiffelbach
Gilserberg
Schwalm
Allendorf
Heimbach
Sachsenhausen
Rommershausen
Lischeid
Treysa
Schwalmstadt
454
Obergrenzebach
Ziegenhain
Niedergrenzebach
Josbach
Florshain
Trutzhain
Ernsthausen
Mengsberg
Steina
Wolferode
254
Steinatal
Momberg
Loshausen
Riebelsdorf
Hatzbach
Wiera
Rückershausen
Speckswinkel
Wasenberg
Neukirchen
Salmshausen
Röllshausen
Erksdorf
Neustadt
Merzhausen
Schönberg
Willingshausen
Röllhausen
454
Nellenburg
Langenstein
Wasserscheide
Rhein-Weser
Antrift
Berns-
burg
Holzburg
Wincherode
Schrecksbach
Stadtallendorf
Glei-
menhain
Fischbach
Eggenhöfe
Wahlen
Arnshain
Heidelbach
Immichenhain
Nieder-
klein
Ruhl-
kirchen
Münch-
Leusel
Hattendorf
Vocken-
rod
Reiber-
tenrod
Antrifttal
62
Schweinsberg
Gleen
Elbenrod
Berfa
D
E
0
6 km
N
© MERIAN-Kartographie

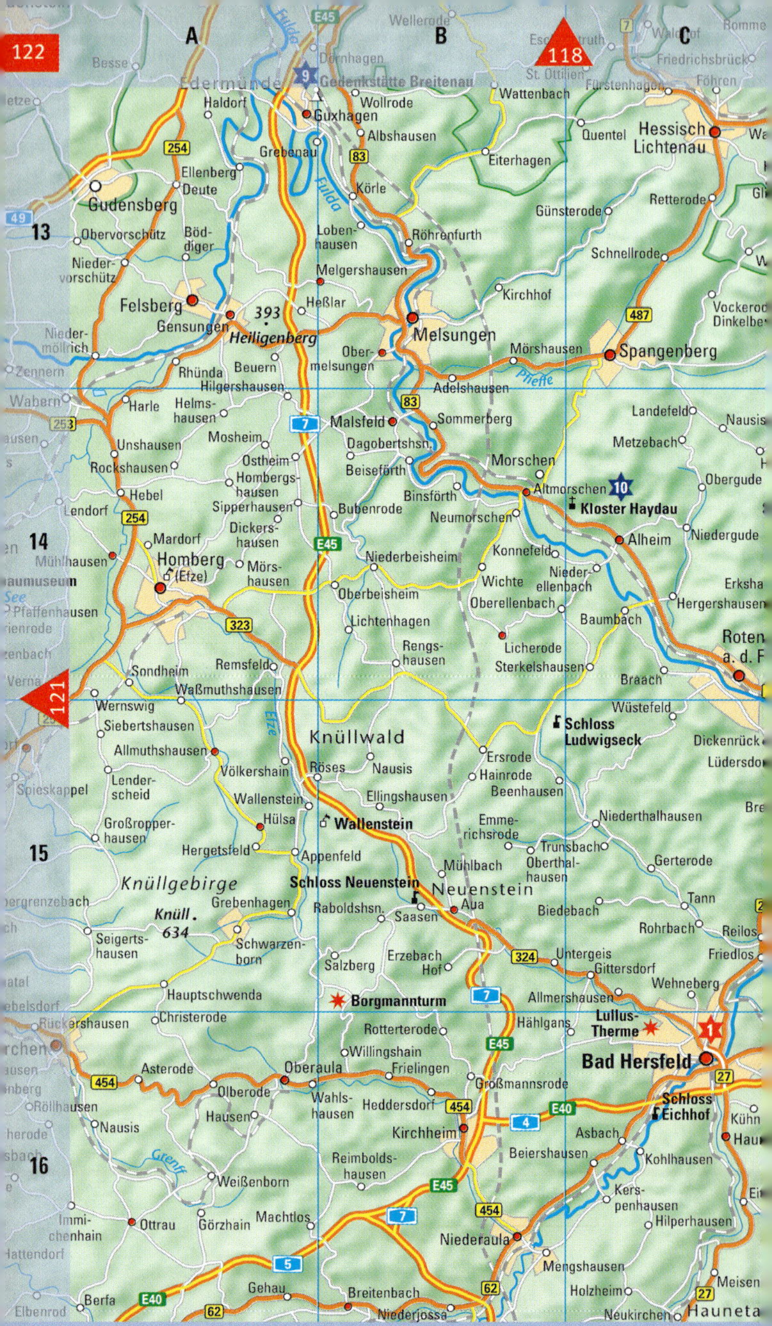
122
A
B
C
118
Gedenkstätte Breitenau
Edermünde
Besse
Wellerode
Dörnhagen
Wattenbach
St. Ottilien
Fürstenhagen
Friedrichsbrück
Föhren
Haldorf
Guxhagen
Wollrode
Albshausen
Quentel
Hessisch Lichtenau
Grebenau
Eiterhagen
Gudensberg
Ellenberg
Deute
Körle
Retterode
Günsterode
13
Obervorschütz
Böddiger
Lobenhausen
Röhrenfurth
Schnellrode
Niedervorschütz
Melgershausen
Felsberg
Heßlar
Kirchhof
Vockerode
Dinkelberg
393
Gensungen
Heiligenberg
Melsungen
Mörshausen
Spangenberg
Niedermöllrich
Obermelsungen
Zennern
Rhünda
Beuern
Hilgershausen
Adelshausen
Pfieffe
Wabern
Harle
Helmshausen
Malsfeld
Sommerberg
Landefeld
Nausis
Mosheim
Unshausen
Dagobertshsn.
Metzebach
Ostheim
Morschen
Rockshausen
Beiseförth
Hombergshausen
Altmorschen
Obergude
Hebel
Binsförth
Kloster Haydau
Sipperhausen
Bubenrode
Lendorf
Neumorschen
Alheim
Mardorf
Dickershausen
Niedergude
14
Konnefeld
Homberg (Efze)
Niederbeisheim
Mühlhausen
Mörshausen
Niederellenbach
Erksha
Wichte
Oberbeisheim
Hergershausen
Pfaffenhausen
Oberellenbach
Baumbach
Lichtenhagen
Rotenburg a. d. F
Licherode
Rengshausen
Sondheim
Remsfeld
Sterkelshausen
Braach
Waßmuthshausen
121
Wernswig
Wüstefeld
Siebertshausen
Knüllwald
Schloss Ludwigseck
Dickenrück
Ersrode
Allmuthshausen
Lüdersdorf
Röses
Nausis
Völkershain
Hainrode
Lenderscheid
Beenhausen
Spieskappel
Wallenstein
Ellingshausen
Hülsa
Wallenstein
Emmerichsrode
Niederthalhausen
Großropperhausen
15
Trunsbach
Appenfeld
Hergetsfeld
Oberthalhausen
Gerterode
Mühlbach
Knüllgebirge
Schloss Neuenstein
Neuenstein
Tann
Grebenhagen
Knüll 634
Raboldshsn.
Aua
Biedebach
Saasen
Rohrbach
Reilos
Seigertshausen
Schwarzenborn
Erzebach
Untergeis
Friedlos
Salzberg
Hof
Gittersdorf
Wehneberg
Hauptschwenda
Borgmannturm
Allmershausen
Christerode
Lullus-Therme
Rückershausen
Rotterterode
Hählgans
Willingshain
Asterode
Oberaula
Frielingen
Bad Hersfeld
Olberode
Großmannsrode
Röllhausen
Wahlshausen
Heddersdorf
Schloss Eichhof
Kühn
Nausis
Hausen
Kirchheim
Asbach
16
Grenff
Reimboldshausen
Beiershausen
Kohlhausen
Weißenborn
Kerspenhausen
Immichenhain
Ottrau
Görzhain
Machtlos
Niederaula
Hilperhausen
Mengshausen
Gehau
Breitenbach
Meisen
Berfa
Elbenrod
Holzheim
Niederjossa
Neukirchen
Hauneta
Fulda
Efze
E45
E40
254
83
487
253
323
324
454
62
27
7
4
5
9
10
1

A B C

13

14

15

16

D E

0 6 km

© MERIAN-Kartographie

Hier finden Sie alphabetisch aufgeführt alle in diesem Band beschriebenen Orte und Ziele, Routen und Touren. Bei einzelnen Sehenswürdigkeiten steht jeweils der dazugehörige Ort in Klammern, bei Hotels steht zusätzlich die Abkürzung H für Hotel. Außerdem enthält das Register wichtige Stichworte sowie alle MERIAN-TopTen und MERIAN-Tipps dieses Reiseführers. Wird ein Begriff mehrfach aufgeführt, verweist die **fett gedruckte** Zahl auf die Hauptnennung im Band.

Liebe Leserinnen und Leser,
wir freuen uns, Ihre Meinung zu diesem Reiseführer zu erfahren. Bitte schreiben Sie uns, wenn Sie Berichtigungen und Ergänzungsvorschläge haben oder wenn Ihnen etwas besonders gut gefällt.

TRAVEL HOUSE MEDIA GmbH, Postfach 86 03 66, 81630 München
E-Mail: merian-live@travel-house-media.de Internet: www.merian.de

DER AUTOR
Diesen Reiseführer schrieb **Axel Nowak**, der viele Jahre in Hessen lebte. 5000 Kilometer legte er für seine neue Recherche allein in Nordhessen zurück. Nowak ist ausgebildeter Journalist und schreibt für regionale sowie überregionale Zeitungen und Magazine.

Großer Dank gebührt Regierungspräsident Lutz Klein, der den Anstoß zu diesem Reiseführer gab. Ebenso danken wir Rosemarie Elsner, Ingrid Pee, Roswitha Riedel, Dörte Schüssler, Michael Conrad und Frank Friesch, die mit ebenso viel Rat und Tat als auch Geduld zur Seite standen.

Alle Angaben in diesem Reiseführer sind gewissenhaft geprüft. Preise, Öffnungszeiten usw. können sich aber schnell ändern. Für eventuelle Fehler übernimmt der Verlag keine Haftung.

Bei Interesse an Karten aus MERIAN-Reiseführern schreiben Sie bitte an:
iPUBLISH GmbH, geomatics
Berg-am-Laim-Straße 47
81673 München
E-Mail: geomatics@ipublish.de

FOTOS
Titelbild: Dornröschenschloss Sababurg (© Familie Koseck)
Archiv Staatsbad Bad Wildungen, Balfield, Pfeil, Schauderna, Hahn, Krauss 28, 102; Karsten Berger 7, 80, 83; Werbeagentur Blume, Waldkappel 4/5; Frédéric Cirou 16; Wilfried Eckart 49; Hotel Gude 34; Hotel Hohenhaus 12; Hotel Rosengarten 78; Kurverwaltung Bad Karlshafen 43; Axel Nowak 30/31, 36, 52, 63, 76, 77, 84, 86, 95, 98/99, 106/107; Osic 41; Tourist Information Bad Sooden-Allendorf 93; Tourist Information Eschwege – Meißner – Meinhard – Wanfried 94; Touristik Service Waldeck-Ederbergland 10/11, 18, 22, 23, 24, 25, 29, 50, 54, 55, 57, 58, 60, 62 u., 65, 66, 101 o., 103 u., 104, 105; Touristik Service Waldhessen 20. Alle übrigen Fotos stammen aus der Nordhessen Fotodatenbank und wurden mit freundlicher Genehmigung von NordHessen Touristik verwendet.

© **2005 TRAVEL HOUSE MEDIA GmbH, München**
MERIAN ist eine eingetragene Marke der GANSKE VERLAGSGRUPPE.

Alle Rechte vorbehalten. Nachdruck, auch auszugsweise, sowie die Verbreitung durch Film, Funk, Fernsehen und Internet, durch fotomechanische Wiedergabe, Tonträger und Datenverarbeitungssysteme jeglicher Art nur mit schriftlicher Genehmigung des Verlages.

PROJEKTLEITUNG
Verónica Reisenegger
PROGRAMMLEITUNG
Susanne Böttcher
REDAKTION
Rosemarie Elsner
GESTALTUNG
wieschendorf.design, Berlin
KARTEN
MERIAN-Kartographie
PRODUKTION
Markus Plötz
SATZ
tab visuelle kommunikation, Stuttgart
DRUCK
Appl, Wemding
BINDUNG
Auer, Donauwörth
GEDRUCKT AUF
Luxosamtoffset von Schneidersöhne

1. Auflage
ISBN 3-7742-7214-X

TRAVEL HOUSE MEDIA

Ein Unternehmen der
GANSKE VERLAGSGRUPPE